集体记忆的消解与异化
——凉山彝族火把节仪式的现代反思

JITI JIYI DE XIAOJIE YU YIHUA
LIANGSHAN YIZU HUOBAJIE
YISHI DE XIANDAI FANSI

张建 张艳 著

四川大学出版社
SICHUAN UNIVERSITY PRESS

项目策划：张宇琛　王　睿
责任编辑：张宇琛　王　睿
责任校对：吴连英
封面设计：墨创文化
责任印制：王　炜

图书在版编目（CIP）数据

集体记忆的消解与异化：凉山彝族火把节仪式的现代反思 / 张建，张艳著. — 成都：四川大学出版社，2021.5
ISBN 978-7-5690-4706-6

Ⅰ. ①集… Ⅱ. ①张… ②张… Ⅲ. ①彝族－火把节－研究－中国 Ⅳ. ①K892.317

中国版本图书馆CIP数据核字（2021）第085617号

书名	集体记忆的消解与异化：凉山彝族火把节仪式的现代反思
著　者	张　建　张　艳
出　版	四川大学出版社
地　址	成都市一环路南一段24号（610065）
发　行	四川大学出版社
书　号	ISBN 978-7-5690-4706-6
印前制作	四川胜翔数码印务设计有限公司
印　刷	成都金龙印务有限责任公司
成品尺寸	170mm×240mm
印　张	7.75
字　数	101千字
版　次	2021年6月第1版
印　次	2021年6月第1次印刷
定　价	45.00元

◆版权所有◆ 侵权必究

◆ 读者邮购本书，请与本社发行科联系。
　 电话：(028)85408408/(028)85401670/
　 (028)86408023　邮政编码：610065
◆ 本社图书如有印装质量问题，请寄回出版社调换。
◆ 网址：http://press.scu.edu.cn

四川大学出版社
微信公众号

前 言

火把节作为西南地区多数彝族聚居区最普遍、最重要的节日之一，几乎承载了彝族全部的文化符号，在彝族人心目中具有不可替代的地位。其不仅是彝族文化一种外在表现形式和内容载体，更彰显着彝族悠久而深刻的价值内涵和精神内核。

彝族有众多的亚族群，主要聚居在云南石林地区的撒尼是其中一个人数较多、分布较广、影响较大的群体。他们至今保有"老彝文"所使用的彝语，其属于彝语东南部的方言。家喻户晓的"阿诗玛"就是撒尼亚族群同名叙事长诗中的人物。通过对当地进行调查我们发现，撒尼亚族群的文化随着社会变迁和族群互动正在发生着剧烈的变化，火把节所体现出来的撒尼文化变迁，或许可以作为民族文化变迁的缩影或一面镜子。

凉山彝族自治州是我国最大的彝族聚居区，每年农历六月二十四，彝族同胞都会身着盛装，举办传统而盛大的火把节。近年来，凉山各级政府逐渐认识到火把节所蕴含的巨大价值，希望通过充分发挥政府的主导作用，将彝族火把节打造成一个集娱乐、经济、旅游等多种功能于一体的综合性节日，并形成以西昌市为中心，同时辐射周边各县的节日连带圈。在经济全球化日益发展的背景下，凉山彝族火把节的相关工作应该顺应潮流，将发展、传承与保护相结合，将火把节的文化内涵和现代意识相结合，在传承中为传统文化注入新鲜的血液。

在漫长的历史发展过程中，不同民族、不同地区衍生出自身所特有的节日服饰及饮食习惯等种种风俗，这众多的节日民俗中蕴含了丰富多彩的节日文化内容。时至今日，火把节这一古老的节日依然有着强大的生命力，其传播力和影响力巨大。传统的火把节在现代化进程中为何会带来如此大的文化震撼？是什么唤起了人们关于撒尼人火把节的历史记忆，又是哪些力量在建构火把节的真实现在？这一切又预示着火把节会拥有怎样的未来？当下的火把节仍是石林撒尼人生活的一部分，还是蜕变成了单纯的表演仪式？对于当地人而言，火把节究竟具有何种意义？关于火把节的文化认同对族群认同的意义又何在……对于这一系列问题，本书力争从不同角度出发，多方溯源，旨在剖析民族文化根源，探求其中的美妙韵律与动人奥秘。

目录

第一章 集体记忆是保持和传承族群文化的载体 / 001
    第一节 文化记忆元素和叙事文本线索 / 003
    第二节 唤醒族群记忆和满足交往需求 / 008
    第三节 强化族群记忆和传承文化教育 / 012
    第四节 维持族群记忆和促进民族和谐 / 014

第二章 集体记忆的消解与异化 / 019
    第一节 关于集体记忆消解的探讨 / 021
    第二节 传统与现代的对峙 / 025
    第三节 现代场景中的"仪式"与"展演" / 030
    第四节 集体记忆的异化现象 / 036

第三章 凉山彝族火把节的历史与现实 / 041
    第一节 凉山彝族地区的自然环境 / 043
    第二节 凉山彝族地区的社会环境 / 045
    第三节 凉山彝族火把节的历史面貌 / 050

第四章 凉山彝族火把节的繁荣与失落 / 059
    第一节 凉山彝族火把节的历史繁荣记忆 / 061
    第二节 凉山彝族火把节的集体记忆消解 / 064
    第三节 消解的记忆考辨与影响 / 068

第五章　凉山彝族火把节的反思与构建 / 077

　　第一节　凉山彝族火把节的现代反思与回归思考 / 079

　　第二节　凉山彝族火把节记忆重构 / 084

附录一　火把节满意度调查问卷 / 095

附录二　关于民族传统体育文化的网络传承探讨 / 097

附录三　少数民族传统体育项目特征分析及发展研究 / 099

参考文献 / 101

后记 / 115

第一章

集体记忆是保持和传承族群文化的载体

第一节　文化记忆元素和叙事文本线索

人类的记忆能力并不是与生俱来的，而是通过后天的学习形成的。人们通常会选择借助符号和仪式来巩固自己的记忆行为。随着年龄的增长，伴随语言的掌握和思维方式的形成，人们会慢慢形成属于自己的独特的记忆习惯。与个人记忆相对应的是集体记忆，集体记忆最初是由法国社会学家哈布瓦赫提出的，它可以表现为一种仪式，或是身体习惯等方面的记忆，是社会学研究的主要课题。集体记忆是构建文化认同的前提和基础，阿斯曼将集体记忆定义为一种"交流记忆"，表明个人记忆是在集体交流中得以实现的，通常依靠有组织的、公共性的交流形式来传承和发展。民族地区文化记忆的内容通常为一个社会群体所共有，其中既包括传说中的神话时代，也包括有据可查的信史。它在时间结构上具有绝对性，往往可以回溯至远古时代。民族地区的集体记忆以仪式信仰为基础，对民族地区人们的生产方式和生活观念产生了深刻的影响，也使得他们紧密地团结在一起。如果一个国家或民族没有共同的记忆，将难以建立深层次的文化认同，这是每个国家或民族都必须保留自己共同的历史传说或祖传故事的文化原因。集体记忆不仅存在于语言和文本中，而且还存在于各种文化载体中，如博物馆、纪念碑、文化古迹、歌曲以及公共节日和仪式。通过这些载体，文化记忆将发挥更大的作用，从而使民族文化得以代代相传。法国历史学家皮埃尔·诺拉称这些能够存放文化记忆的载体为"记忆之场"，他认为记忆之场诞生并维系于这样一种意识：当自发的记忆不再存在，人们便应该创建档案，维持周年纪念活动、组织庆典、发表演讲、对文件进行公证……至此，这些活动已不再是自然的了，文化记忆作为传承和发展民族文化的载体，与记忆之场有着密切的联系，节日活动与此密不可分。①

彝族火把节在螺髻山镇便具有丰富的记忆之场。在这里，火把节是一年中最重要的一天，每年在农历六月二十四前后举行，寓意时间的更替与流转。火把节通常分为三天：第一天，村民宰杀牲畜、点燃火把庆祝节日；第二天，主要开展各种庆祝活动；第三天，人们举着火把，载歌载舞，场面十分壮观。

火把节是一个定期举行的隆重的地方活动，在组织和庆祝期间，政府部门、民间团体和普通民众都会受到邀请，从这一点来看，它建立在地方和社会共同努力的基础之上。因此，存在于民族和地区的火把节实际上已经跨越了地理和人文的边界，成为民族地区互动交流的重要方式。

广场上的雕像、文物，体育馆里的表演，各种民族服装等，都是与节日活动和文化标志相关的纪念元素。作为情感和信仰而得以保留的文化象征，它们带给人们丰厚的历史记忆和精神享受。在唤醒民族记忆和建立文化认同的过程中，节日活动和集体体育活动还与丰富的记忆技巧相关。节日活动酝酿于一种特殊的氛围之中，它既与自然生产的时间有关，也符合人们的心理要求。同时，节日活动的项目之中也蕴含重要的文化元素。祈祷消除灾难，免除瘟疫；敬拜英雄，祭祀

---

① 薛美华：《记忆之场视域下乡村记忆档案资源价值实现研究》，《档案管理》，2020年第6期。

祖先；渴望爱情和美好生活……天地间萦绕着一种自然的声音和人文的呼喊，也在不断地增强地区人民的民族价值观和道德感，唤醒众人的集体记忆。"赛马"再现了彝族人在自然和驯化动物方面的喜好与期望，同时表达了其提高社会生产水平和生活技能的希冀；"斗牛"体现了彝族人对自然的重视以及勇于挑战的精神；"斗羊"体现了彝族人"为我所用"的智慧；"摔跤"反映了彝族人敢于超越，勇于发展，不断追求奋进的热情和勇气。如此而言，火把节叙述着凉山人民的过去，展望了他们的未来，同时，也通过一系列节日活动和集体体育活动引起了参与者的共鸣。

有了此种经验之后我们再来追溯，可以发现，彝族火把节由来已久，自汉唐至今已有数千年的历史。关于凉山火把节起源的说法各有不一，但其内容多是赞美英雄或庆祝胜利，在该地区广为流传，备受赞誉。通常，每年的农历六月二十四，男女老少纷纷点燃火把，去田野驱赶昆虫，希望消除灾难，并祈求丰收。由此可见，火把节作为传统的彝族节日，反映了彝族人民在某一历史阶段与自然相处、顺应自然的过程，同时也表达了他们在艰难困苦的情况下对美好生活的热切追求。

民俗文化是民间民众生活文化的统称，是非物质文化遗产的重要组成部分，也是中华民族五千年来积淀而成的文化结晶和历史瑰宝。[1]随着现代社会的发展，加速发展的社会经济、快节奏的生活方式以及更为先进的科学技术使得民俗文化逐渐消失在人们的视野中。在工业化、城镇化、全球化日益发展的今天，传统民俗文化保护与传承、创

---

[1] 谢千红：《泉州木偶艺术人才培养问题与路径——以泉州艺术学校为例》，《福建艺术》，2020年第11期。

新与发展的问题摆在了人们的面前，准确把握新时期民俗文化所面临的承上启下、继往开来的历史机遇是保护传统文化的重中之重，如何让渐行渐远的民俗文化融入人们的日常生活，让其切实满足人们的生活需求和精神需求成为亟需解决的重要问题。

传统民俗活动是从民族文化中剥离与凸现出来的。作为与传统民俗活动紧密联系的文化共同体，地方节日活动具有深厚的文化内涵和文化价值。节日活动通常与当地的民族传统节日相结合，但经历了社会变革，其社会功能、文化价值和生存状况显然不同于纯粹出于娱乐目的民俗活动，它结合了民族的精神信仰和心理要求，是民族记忆和民族文化认同的重要载体。

民族地区举行的庆祝活动包含一定的文化因素，节日文化的发展不仅促进了节日活动的发展，还捕获了关于祖先和鬼神的历史文本，因此，在进行节日活动时要特别注意相关项目的组织与安排。传统民俗活动不仅使节日活动的范围更加广泛，而且使其从内容到形式也越来越健康和丰富，节日活动中的传统活动项目以及全国性的节日发展也因此而更加重要，并得以广为流传，有了世代相传的现实可能。

在凉山地区发展节日活动，可以有效地将个人记忆与群体记忆相结合，并建立深层次的认同与团结。居住在同一地区的不同民族可以通过相互交流来分享自己的信仰与文化，有利于让各族找到属于自己的时空场域，从而为建立广泛的文化特征奠定基础。由于凉山地区自然条件和地理条件的限制，地区人民之间的交流往往较少，而节日活动则以其大胆、简单和丰富的特征展现着自身独特的魅力，吸引人们聚集在一起。节日活动通常将比赛和娱乐结合在一起，将人们唤至同一时空领域，这不仅为不同族群人们之间的交流和沟通提供了平台，而且引发了文化方面的交流。

当地的节日活动具有深厚的历史文化内涵和文化魅力品位,其不仅有利于促进民族文化认同,也体现为在促进民族间对话方面发挥重要作用,同时也有利于更好地传承彝族的民俗文化,丰富当地居民的精神文化生活。在民俗文化迫切融入现代生活的趋势下,全面拓展民俗文化在人们日常生活中的生存空间,创新民俗文化在人们日常生活中的表现形式,挖掘民俗文化在日益丰富的物质文化生活中的内涵价值成为重要课题。在物质文化需求和水平不断提升的今天,激发民俗文化的生命力、重启民俗文化的交流之路,不仅能够为传统文化的传承与发扬开拓生存空间,更能为现代生活的进一步丰富提供有力支持。①

为了更加深入地了解这一情况,笔者深入凉山州,与当地人民进行了交流,也更详细地了解了火把节的具体情况。这其中,"斗牛"和"斗羊"以狂欢节的形式进行,使人们能够自由地享受民族体育文化,并在这一过程中实现与自然环境的和谐相处。对于当地人民而言,这些都是非常简单的运动,同时也与区域经济发展状况和当地居民的精神文明需求相对应。民族文化需要沟通,沟通需要平台,突破需要窗口,斗牛节和斗羊节毫无疑问是这一窗口的不二选择。如今,以二者为代表的节日活动已成为文化交流的平台和载体,可以满足人们的精神需求,成为促进民族文化交流与传播的象征性元素。当不同民族的人拥有某种共同的文化时,他们就会以一种特殊的方式来建立和促进基于共同文化元素的共情关系,因而容易产生信任感和心理融合,彼此之间更能达成宽容与谅解。因此,节日活动不仅促进了不同民族之间的相互交流和理解,更增进了他们之间的感情,有利于消弭沟通障

---

① 董斌霞:《民俗文化在现代生活中的延续发展分析》,《参花(上)》,2021年第3期。

碍，同时也是形成共同地理观念和共识，实现民族间对话与交流的重要途径。正如当地村民所说："虽然我们在生活中略有摩擦，但这些都可以在节日期间得到缓解。"显然，这样一种集体记忆在促进民族发展方面更为有效和重要。

记忆是原始社会的基本特征，是形成和维护集体意识的重要基础。集体记忆在加强少数民族成员的文化认同方面起着重要作用，有利于弥合文化差异，促进文化交流，增进民族地区人民的团结，促进民族文化的可持续发展，对于维护地区稳定、增进民族福祉具有极为重要的意义。节庆活动的交流在少数民族地区广泛而直接，无疑给当地的节日活动带来了特殊的集体记忆。同时，节日活动经常强调纪念的仪式感和传统民族节日的发展经验，基于民族地区人民自身的感受与信念，创造了族群的共同记忆，从而为民族、社会、国家的思想和行动提供了鲜明的历史文化坐标，将族群的过去和现在转变为一个无穷无尽的单元。

第二节　唤醒族群记忆和满足交往需求

在彝族人民心中，火把节是展现民俗风情，追求生活美感，享受精神美和挥洒个性的重要节日。这一节日活动中所展现出的传统美学也已成为彝族人最迷人的文化表现形式。在火把节上，每个彝族人都换上新衣，搭上各种漂亮的配饰，展现出当地人心目中广泛而多元的审美文化价值。

在火把节期间，彝族老人会主动鼓励和引导年轻人参加各种传承活动，以保留节日中遗存的文化根源。在日常生活中，彝族人民自愿参与节日准备工作，共同修复举办火把节的举办场地，自觉维护火把节举办现场的生态环境。而活动的辐射面往往会超出自然村庄的范围。彝族自然村的总人口并不多，因此经常有十几个自然村的人聚集在一起，共度一个节日。火把节是彝族人敞开心扉、进行交流的最佳方式之一，它展示了彝族的多种社会习俗，不仅充分体现了个体的创造力，展示出民族地区人们独特的实践经验，也反映了彝族的节日文化和民间传统。

火把节的形成和发展是一个渐进的过程，是一个从无意识到有意识，从不确定到不断改变刻板印象的过程。一方面，火把节的内涵随着时间的流逝而逐渐积累，内容越来越丰富，形式也日益多样化；另一方面，随着历史的发展，火把节的规模也日益壮大，从一个小型的民族节日成长为一个大型的地方性聚集活动。在这一过程中，一些重要的历史事件在其中发挥了重要的作用。

火把节源于原始的火崇拜，随着民族间的文化交流越来越频繁，火把节已经发展成为中国西南少数民族地区一个共同的、综合性的节日，并形成了一个"文化圈"。一种相对单一的文化现象会在具有相同文化特征的一定地理区域内成为一种共象，究其原因，我们认为，主要是通过以下几种方式实现的。

首先，民族分化和移民。民族分化，是指民族的某些部分从原属民族实体中分离、演化出来的现象，多由民族迁移等导致民族居住地域的隔离而形成。由于长期处在不同的自然环境和社会环境中，凉山彝族人民的部分民族特征发生了变化，最终发展成为一个单独的民族群体。民族分化后既可能形成新的民族单位，也可能与其他民族相互作用形成民族组合。这些交流的驱动机制主要有自然地理环境的作用、民族文化渐进式的融合、生活互补需求的牵引以及国家力量的推动，一系列因素都使得各民族间的经济文化交流更为频繁，从而形成多民族共同发展的新格局。不同民族间有时是彼此联系的，有时又是相互分离的，一个民族往往会与另一个民族产生紧密的、各式各样的联系，或者是与其他民族融合从而产生一个新的民族。在民族分化和融合的过程中，无论是哪种形式，都难免会将之前的习俗和文化风格带入新的群体。

其次，民族间的经济文化交流。回顾历史我们发现，在南朝时期，火把节较为普遍，已经成为西南地区诸多少数民族的传统节日。南朝时期的主流文化融合了其他民族的因素和特点，并为许多民族所接受。随着族群之间日益频繁的经济和文化交流，火把节作为民间文化的一部分也得到了广泛的传播与认可，一度成为一种极为瞩目的地区特点和文化现象。这些交流的驱动机制主要是自然地理环境的作用、民族文化渐进式的融合、生活互补需求的牵引以及国家力量的推动，这些都使得各民族之间的经济文化交流更为频繁，从而形成多民族共同发展的新格局。

再次，历史性战争。战争作为一种独特的民族交流和文化传播方式，在火把节的发展过程中起着非常重要的作用。唐朝时期，天宝战争以唐军的失败而告终，唐军士兵被俘后与白族人民居住在一起。由于文化间的相互影响及融合，火把节也逐渐成为被囚禁的士兵及其后代的传统节日。客观来讲，战争有胜负之分；但从文化角度来看，不同民族之间通过各种形式相互融合，形成了多样的民族习惯与节日习俗。随着时代的发展，传统的节日习俗也遭遇了许多困境，节日内涵伴随农业社会向工业社会转型而尘封，节日形式因商业发展而逐渐快餐化，节日活动由于忙碌的生活节奏而被日益架空，若想使中国传统节日习俗成为当代的一种"活态文化"，就必需提供一种"活态的文化环境"，当代社会积极推广民间传统节日体育活动，就相当于为传统节日习俗的传承创造了珍贵的"活态文化环境"。

最后，其他因素。例如，居住在邻近或嵌套社区中的群体之间也存在一定的文化影响。彝族聚居的周边地区也聚集了许多其他少数民族。不同的人混合在一起，又形成了一个新的小族群，不可避免地会受到这一重要文化节日的影响，如生活在云南中部地区的人也将火把节作为自己的重要节日。如今，彝族火把节闻名遐迩，汉族人民也或多或少地受到些影响，自觉或不自觉地参与到这一节日当中来。的确，在长期的历史发展过程中，不同民族之间不断进行沟通，彼此间相互影响，在特定或扩大的地理区域内形成了具有一定特征的文化圈层，"火把节文化圈"这一民间文化现象终究也是不同民族在长期历史发展中互相作用的结果。

纵观凉山彝族的发展史，不难看出其发展速度与发展方向总是与自身所处的社会环境和生活方式息息相关。民族是一个历史范畴，同时也是一种社会现象，随着社会环境的发展而不断变化，各民族之间的政治、经济、文化交流相互作用，民族内部的自我意识也在逐步增强。

第三节　强化族群记忆和传承文化教育

什么是文化？什么是传统？如今，我们越来越充分地意识到传统是一条伟大的河流，它同时又意味着一种变革和无止境的文化与生存方式。每个时代的文化和传统都具有诞生、死亡和轮回的流转过程，而究其根本，这些文化和传统也是具有创造性的。我们必须记住：在人类的文化发展和历史沿革过程中，许多人不是为了短暂的存活而是为了长期的流传而进行自身的创造活动的。那么，我们该如何认识、感受和对待前辈给我们留下的精神遗产呢？每一代人又应该如何面对自己和民族、国家、社会的未来？

民族力量的介入使得传统节日逐渐转变为现代性节日，人们的生活也不可避免地越来越以节日活动为导向，尽管节日的元素并没有被完全掠夺，但是其终究已成为一种可控的对象和形式，节日本身面临需要被调节和调整的窘境，难免要失去原初的纯度。民族文化的传承教育是文化多元化和全球化发展的必然趋势，是将文化融入生活的重要途径和手段，是促进少数民族地区经济和文化发展的必然选择。传承文化教育的目标是在了解和掌握本民族优秀文化成果的同时，形成关于本民族文化的情感、态度和价值观。传承教育的主要内容包括了解民族文化知识、培养民族情感以及强化对民族文化进行理解和思考的能力。

随着市场经济的蓬勃发展，文化已成一种丰富而夺目的资源。凉山彝族火把节在文化旅游日益繁荣的背景下逐渐发展起来，一定程度上包含了很多教育内容，其教育过程也使人们在身心发展方面更为成熟。在此基础上，借助这一形式继承和弘扬彝族文化，展现民族地方人民团结、文明和进步的良好形象，创造一种伟大而温暖、喜庆而祥和的节日氛围有着极为重要的意义。

改革开放以来，中央至地方各级政府高度重视民族工作，在发展民族经济、繁荣民族文化的政策指导下，凉山彝族的经济、文化、教育、科技、卫生事业等有了长足的发展。在县旅游局对文化、体育和民俗的大力宣传与倡导下，更多的人正在涌向凉山彝族火把节，从而有机会去深入理解这一重要节日的真正内涵和由来。政府对火把节的管理和组织在一定程度上改变了传统火把节的内容和功能，以乡村娱乐为主要内容的火把节突破了最初的局限性，逐渐成为地区一级的活动，人群的流动性日渐增强，节日的具体功能也越来越多。火把节不再是仅仅专注于崇拜和娱乐的节日，而已发展成为展示该地区民俗文化特色的重要平台以及政府可以大力推广的文化符号。一方面，宣传力量的参与使火把节变得越来越有趣，其内容与形式也越来越丰富；另一方面，表演和娱乐性的提高也使得其他民族甚至国家的人因好奇而多有驻足。活动期间，局外人与当地人的相遇进一步促进了节日的形成和文化的发展。随着我国经济社会的迅猛发展和新时代的到来，多元文化相互交织，各种社会思潮和价值观不断冲击着多民族人民的思想行为和价值观念，以不同的形式探索民族交流交融的开展形式和方法途径，有利于进一步挖掘文化特色、加强文化交流、进行文化传承，从而在多元化氛围中妥善处理民族间关系，为民族的发展贡献自身的力量。

第四节　维持族群记忆和促进民族和谐

彝族火把节是彝族众多民族文化要素中的一个小系统、小分支，同时也是民族社会文化的重要组成部分。自古以来，彝族火把节就伴随着社会发展的步伐不断对自身进行调整与更新，其中也始终凝聚着彝族人民的宝贵精神。它承载了当地人民的诸多美好心愿与情感寄托，对于技术、生活、社会、信仰、文艺和传统美德等都产生了深远的影响。

彝族火把节是彝族人民在长期工作和生活实践中积累和创造的文化现象，它有着悠久的历史，是彝族人民智慧的结晶，也是地方文化发展与进步的象征。在全球经济文化日益融合及其他文化媒体的广泛影响下，作为民间文化载体的民族民间节日也迅速城市化和商业化。与此同时，民族文化也有了一定的变化，部分民族的文化色彩也逐渐消褪。改革开放后，特别是近年来，社会经济发展迅速，许多人模糊了关于民族文化的认识，如此，则难以完整而有效地保留民族历史和民族文化传统。彝族火把节及相关庆祝活动再现了丰富而深刻的彝族文化，并表现出多种文化形式和意念象征，有利于民族文化的认识与传承。彝族火把节的相关形式中包含多种文化形式和符号，我们可以通过丰富多彩的活动和文化内容来认识和感知彝族的文化意蕴与独特风情。

彝族民众的生产生活习惯取决于地方民族人民的良好愿望，展现了文化和艺术方面不同形式的民族技能。例如，彝族服饰上的图案和颜色都有特定的含义，其中包含了丰富的文化信息。通过特色鲜明的民族服饰，我们可以看到彝族妇女非凡的智慧与美丽，精美的刺绣散发着浓重的乡土人文气息，通常由一个人单独或几个人联合进行制作，往往要手工缝制数月甚至数年。其中包含了创作者独特的美学思想，渗透着彝族人民深沉而透彻的生活观念，同时也反映了他们的审美品位和价值态度。从这一点来看，节日本身就是一种文化。彝族火把节是彝族人民的聚会，无形中传达了他们对于自然发展和事物规律的理解，相关的民族文化信息也借此汇集在一起，反过来又在帮助人们理解、交流、参与和了解彝族的民族文化。

了解和弘扬彝族火把节的节日文化是延续和传播彝族文化的必经之路，也是继承和发扬民族意识的重要途径，同时也是增强民族凝聚力的有效方式。经过长时间的生存与发展，彝族人民积累并规范了一定的民族文化、文化心理、宗教信仰、道德意识、价值观和不同的民俗风情，这些都是民族文化的集中体现，同时也成为民族认同的重要组成部分。作为节日文化的创造者，彝族人民在各个方面都能充分感受到节日文化的血脉背景和沁入人心的强烈情感，人们踊跃而自然地参加了这一活动，并由此产生了深刻的认同感。

通过彝族火把节，人们可以体验到其中浓重又多样的情感、宗教和精神意义，并经由此契机回归自身的精神家园。节日期间彝族人民主要铭记先人与英雄，为民族的繁荣而祈祷，表达了关于子孙后代和谐安康的美好愿望。人们会举办各式各样的活动，到处都充满了浓郁的节日气氛。村庄里都装饰有灯笼，街道上彩旗飘扬，人们聚集在宽阔的广场上，市场上摆满了物品，连空气中都弥漫着愉快的假日氛围。一切都是日常生活中已知而又格外热情的场景，人们彼此间展示和共享彝族人所独具的内在亲和力和凝聚力。这种力量可以激发彝族人民的民族自豪感与认同感,大幅缩短了人与人之间的生理空间和心理距离,使人们无论在情感上还是行动上都会产生强烈的反应,大家拥有共同的心理凝结,从而形成一个普遍的认识社区。

在彝族的民族活动中,还有一种极为重要的群众活动——跳舞。彝族的舞蹈主要有大三弦舞、南瓜舞、圣声舞、左脚舞、剑舞和仪式舞蹈。在火把节的夜晚,彝族人民举着火把,载歌载舞,好不欢快自在。他们要么是致敬祖先精神,要么是为了表达自己心中的喜悦,大家团聚在一起,共同体验这种宝贵的民族心理情感。如"动物舞蹈",目的是祈求天气晴好,粮食充足,经济繁荣,人民过着幸福快乐的生活;再如"十二次野兽舞",寄予了人们祝福纳香的厚望,并强调了这种风俗习惯的深刻含义。

和谐,《现代汉语词典》中释义为"和睦协调"。火把节是彝族文化积淀的产物,折射出独特的民族习俗与精神面貌,与彝族人民的生存发展和人民生活有着千丝万缕的联系,其中所流露出的价值取向并非一日而成,而是在彝族文化的孕育与影响下形成的。在彝族文化的历史绵延过程中,火把节扮演着"生命化石"的角色,其作为一种文化表现方式,充分体现了彝族人的道德感、文化概念和社会价值。在漫长的社会历史发展过程中,彝族火把节伴随并传播着彝族的文化特征和团体精神,某种程度上甚至影响了彝族的社会结构。几千年来,它为人们奠定了一定的精神和心理基础,保证了人与人、人与自然、人与社会之间的和谐。在节日活动中,人们载歌载舞,欢聚一堂,气氛十分融洽。对此,彝族人民也十分引以为傲,他们崇尚自然,唱歌欢笑,以此为自身之福。在人际关系方面,火把节的整体活动和诸多细节中均展示出整个中华民族的传统美德,如和睦、团结、友爱、真诚、简单、善良等，这一系列非功利性的心灵品质反映了人类的自然美德和民族传统。彝族文化是中华文化的重要组成部分，自然也具有相应的德育功能，在火把节中，彝族人民通过各种形式的文化娱乐活动表达了自己对善与恶、美与丑的感受。① 文化娱乐活动是彝族百姓生活中不可或缺的重要内容，象征着彝族人民生产生活的各个方面，文娱表演的主要内容是惩治恶，赞扬善，歌颂人民的幸福生活和美好追求。

民族和谐指的是各民族之间存在一定的差异性和文化的多样性，但都以彼此尊重、互利共赢为基础进行合理调试，以期形成和平共处、团结和谐的民族关系。民族和谐是中国共产党从构建社会主义和谐社会的总体目标出发，在我国社会主义民族关系中加入的新时期、新阶段的新要素，是实现社会和谐的重要前提。② 民族和谐作为一种理想的社会环境，是民族平等、民族团结、民族互助的最终目标。

火把节作为一种可以感知的文化形态，是社会意识和上层建筑的集中反映，客观上促进了凉山地区的经济和社会发展。它是彝族最为盛大也最为隆重的传统节日，群众基础广泛，节日内容和流传地区相对稳定，可以定期吸引大量游客，借此机会收集和展示彝族独特的民族文化，促进文化产品的生产，进而刺激文化消费。由此可见，文化潜力决定其文化价值，文化价值影响其经济价值。同时，要将和谐观念作为指导思想开展火把节的庆祝活动，加强党的民族政策的宣传和教育力度，大力营造维护民族团结的社会氛围。在尊重民族风俗习惯的同时，通过活动的交流积极引导宗教与社会主义社会相适应，增强

---

① 把红梅：《浅谈楚雄彝族火把节的文化价值》，《美术教育研究》，2013年第19期。
② 马英杰：《各民族和睦相处、和衷共济与和谐发展论略》，《烟台大学学报（哲学社会科学版）》，2013年第3期。

人民的法制观念，依法加强对宗教事务的管理，弘扬优秀传统文化，促进各民族之间的交流互通，增进民族间的友谊、信任和认同。今天，人们遵循"昨天保存、今天保护、明天升级"的原则，以实践为导向，探索总结了彝族火把节继承和保护非物质文化遗产的理论与保护机制。[①] 多年来，凉山火把节融合时代特征，扩大对外宣传，增加投资力度，促进了当地经济的发展。经过近二十年的努力，火把节的流传和受欢迎程度逐渐提高，许多外国商人来到凉山投资。节日期间，彝族自治州也吸引了来自全国各地的游客。由此可见，火把节为当地经济发展做出了积极的贡献。

---

① 把红梅：《浅谈楚雄彝族火把节的文化价值》，《美术教育研究》，2013年第19期。

第二章

集体记忆的消解与异化

第一节　关于集体记忆消解的探讨

最早提出"集体记忆"这一概念并加以深入讨论的是法国历史学家莫里斯·哈布瓦赫。他认为，记忆不仅属于个人，更源自集体；集体记忆定格于过去，却为当下所限定，且规约未来；集体记忆是集体认同的前提，是民族凝聚力的源泉所在。由此，集体记忆的重要理论价值引起了学术界的普遍关注。集体记忆理论强调，历史具有不可复原性，任何人在把目光投向过去的时候，他的视野都将受到当下意识形态等诸多因素的限制，展现在他眼前的是他所能够看见的特定历史，而并不等同于历史真实本身。如其所说，集体记忆在本质上是立足现在而对过去的一种重构。

集体记忆并非一张白纸，可以由当下意识任意地增添、删改或涂抹。它既有与时俱进、不断更新变化的一面，又有连续性、绵延性的一面。它是对于过去的一种累积性的建构，整个过程亦极为复杂，受到历史真实和文化连续性的制约。集体记忆是集体认同的前提，就本意而言，认同指的是自身独特的、与他人不同的特征。一个群体区别于另一个群体的特征大都是在历史中形成的，这些特征通过诸多符号保留在人们的记忆之中，从而构成一个群体集体意识的基础。[1]

---

[1] 谭晓静、徐宝华：《民族地区校本课程开发下的集体记忆建构——基于恩施州校本课程调查》，《湖北民族学院学报（哲学社会科学版）》，2011年第1期。

不同文化之间往往容易陷入冲突，各种现象时有发生，有时甚至会出现被征服者的文明反而征服了征服者的文明的情况。对此，我们可以将不同的、有所疏离的文化视为银河系中的不同行星，它们既共同存在，又有其独特的运行轨迹；既相互联系、相互依存，又不会合而为一，也不会大幅漂移。

少数民族文化和中原文化在中国整体民族文化的历史渊源和现实状况中并存，二者间的亲缘关系是本质而真实的，在同一民族国家的政治和文化体系中有着千丝万缕的联系。少数民族文化和中原文化的异质性在彼此间的相互印证中显示出供人们学习和交流的价值，毕竟，与不同性质的文化进行交流并以之为借鉴是一个民族国家得以长远发展的必要前提。在强调这一点的基础上，我们也应该意识到，基于民族文化的媒体文本编码应该强调民族文化的异质性。民族文化的实质是民族媒体文化可以拥有真实的表达和全息的存在，所有故意和无意的错误表达都是无效且徒劳的，有时甚至会导致不同种类文化间的对抗，从而给民族国家带来某种程度上的伤害。

少数民族文化是一种独特而稀有的文化资源，它的特点集中体现在地区、宗教和生活方式上，此处可以统称为"不同的环境和不同的生活"。关于民族文化的表达，不得不说，鉴于其天生的文化土壤结构和特点，如果不引入商业元素和资本力量，就无法实现发扬、传承甚至保存的目的。在这其中，媒体化是实现这一目标的手段之一。适当地引入商业力量，可以为民族地区的发展提供新的发展模式和实现飞跃的可能性，同时，媒体产品作为一种两相结合的文化资源，可以在国内外的文化市场上同时唤起东西方公众的文化消费欲望，从而帮助各方实现自身的经济目标。在这种背景下，国家可以适当制定一些优惠政策，使少数民族文化能够从遥远的民族社区跃入大众传播领域。

此外，民族文化也是当代中国文化生态学的一个方面，民族文化的发展不仅关系到自身的存在与更新，而且关系到为社会大众和整个民族群体提供丰富的思想文化资源，如此，作为文化整体现实组成部分的民族文化有了属于自己的新的内涵。

文化记忆理论认为，文化是记忆的表现形式，记忆是文化的精神内核，它既可以被理解为一个过程，即进行记忆和传承；也可以被理解为一种结果，即进行筛选和揭示，以及在最终被重新建构。在经济社会快速发展的今天，凉山州的城镇化进程正在逐步加快，城镇化水平也日益提高，不可避免地，以凉山彝族火把节为代表的彝族传统文化受到了巨大的冲击，凉山彝族传统文化的相关记忆正在逐步消解。从文化记忆理论的角度来看，凉山彝族传统文化记忆的消解主要表现在以下几方面。

一、物质文化层面的记忆消解

对于凉山彝族传统文化来说，其物质层面的记忆消解主要表现在与彝族传统文化相关的器具、服饰等现实物质正在逐渐变化或消失。

以"朵乐荷"为例，"朵乐荷"是凉山彝族中最具特色的一种女子集体歌舞形式，有着悠久的传承与发展历史，是火把节庆祝活动中的重要项目，对于服装、器具等有着较高的要求。但在这一传统庆祝项目中，很多原始的器物和服饰正在悄然发生改变，传统的黄油布伞处于消失的边缘，越来越多地被工业化的塑料雨伞所代替，荷包带或头巾也一改选用传统手工丝绸织物的习惯，开始被现代化机器印花织布所取代。这一系列用具在以"朵乐荷"为代表的传统活动中的消失，昭示着凉山彝族传统文化记忆正在逐渐消解。

二、制度文化层面的记忆消解

对于凉山彝族传统文化来说，其制度层面的记忆消解，主要表现在传统活动中的特有仪式与举办周期的变化。凉山彝族地区的很多传统活动项目都会在火把节期间举行。第一天主要是打牛和打羊，第二天主要举办传统的斗牛、斗鸡和摔跤等比赛，第三天则主要是彝族妇女积极参加"朵乐荷"表演。传统时期，"朵乐荷"每年都会隆重举行，几乎遍布四川凉山所有的彝族山寨。根据凉山彝族的传统习俗，姑娘长到十五六岁时，就需要换下红白相间的童裙，穿上中段为红、黑、蓝三色的长裙，还需要把独辫分成双辫，将其盘在绣花头帕上。而能够进入"朵乐荷"活动表演的，必须是刚换下童裙的少女，参与"朵乐荷"表演后，姑娘即可进入恋爱阶段。如今，这种隆重的色彩制度正在逐渐淡化，彝族的年轻人十五六岁便进入学校，能够对"朵乐荷"进行原始和完整演绎的人越来越少，"朵乐荷"这一表演本身也逐渐沦为商业旅游性质，对表演者不再有完全严格的限制，其特有的仪式感也正在逐渐削弱。而这一重要活动制度层面的瓦解，也是凉山彝族传统文化记忆正在消解的重要表现。

三、精神文化层面的记忆消解

对于凉山彝族传统文化来说，其制度层面的记忆消解主要表现为凉山彝族人民族归属感的逐渐淡薄，以及传统信仰的逐渐失位。在异质文化逐渐渗透及人口城镇化不断加深的大环境下，凉山彝族传统文化的生态空间被逐渐挤占，对于现代生活理念的追逐正在改变凉山彝族人对自身民族传统文化精神内核的坚守态度，这种影响使得他们逐渐丧失了对自身民族文化的强烈认同感，从而导致凉山彝族传统文化发展的精神内核日益萎缩，人们对自身所要传承的文化意蕴隔膜也越来越深，传统文化根基面临被斩断的危机，彝族人民在以往过程中形成的共同精神记忆正在日益消解，此种文化场景所展现出来的文化形势和文化心态着实不容乐观。

第二节 传统与现代的对峙

现代化建设的推进过程必然会对传统文化的巩固和传承产生巨大的冲击，这是世界现代发展史与当代社会建设过程中普遍存在的矛盾。在我国的现代化建设进程中，不同地区、不同民族间的交流空前扩大，现代媒体的规模构建日趋成熟，使得现代文化对传统文化的影响前所未有。凉山彝族地区的建设发展与人口众多的汉族地区相比相对滞后，但民族地区的传统文化并不是第一次遭受如此大规模的冲击。早在20世纪80年代末90年代初，一些耳熟能详的民族歌谣、体现地方传统的曲艺节目、表达人民精神象征的神话故事就已渐渐失传，技艺精湛的民族工艺和代表民族特色的建筑也日渐式微，一些独具特色的民族医药失去了原本的市场，一些有利于培养人类美好品德的传统礼仪和习俗也被逐渐搁置……

关于火把节的一切都庄严、神圣且极为生动，其中承载了大量的历史和文化信息，如人们的饮食习惯、手工艺制作水平、审美观念和人际关系等，成为绝大多数人的精神寄托和意念指向。彝族人民在中国西南部地区生活了数千年，有了这一历史背景，意味着火把节不仅可以成为彝族文化创造力的集中体现，而且在保护民族身份、继承文化遗产、规范道德观念，促进农业生产以及加强传统教育等方面可以发挥重要而长期的作用。

火把节的诞生与彝族地区人民的火崇拜密切相关，在这一历史背景和心理基础上，火把节逐渐形成了消除灾害、促苗生长、吉祥开年、降临祥瑞、祈求光明等基本功能，表达了人们消除苦难、迎接幸福的简单信念和美好愿望。关于火把节的种种传说也反映出了人们的原始崇拜心理，彝族人民普遍相信，只要对神明和某种灵性的存在怀有一颗真诚的心，神灵就会庇护它们、祝福他们，并帮助他们实现自己的愿望。毫无疑问，这与彝族人民偏远的生活环境和较为低下的生活水平有着很大的关系，也正是因此，人们才会将这种文化愿景代代相传。

明代诗人杨慎一次路过凉山州西昌市，适逢当地正在举办火把节，绝美的景色和宏大的场面令他叹为观止，便有了这样的诗篇：

> 老夫今夜宿泸山，
> 惊破天门夜未关。
> 谁把天空敲粉碎，
> 满天星斗落人间。

在这遥远而又真实的文字中，我们可以充分感受到火把节的场景给杨慎带来的震撼，从这些许的历史空隙中也能窥得几分文化的真相。20世纪90年代初期，中国旅游业快速发展。旅游市场的需求空前强劲，促使很多地区加大了对旅游资源的开发力度。四川凉山彝族自治州重点发展文化特色旅游，开发民族节日相关的旅游资源，以大力扶持彝族火把节。

1994年8月2日，首届中国凉山彝族国际火把节在西昌开幕。本次火把节以"让世界了解凉山，让凉山走向世界"为主题，以"高举火把、面向世界、文化搭台、经贸唱戏"为宗旨，将传统的文化活动、旅游观光与经贸洽谈、招商引资相结合，以期进一步促进凉山的改革开放和社会经济的更好更快发展。此后，凉山彝族火把节从一种原始的民俗节日逐渐发展为相对大型的社交舞台，在凉山州逐年举办，并逐渐发展成为一项国际性大型文化活动。这也说明随着旅游业的进一步发展，火把节已从原来的民间节日变成了由政府主导，由彝族、当地民族和外国游客参加的完整性、规范性节日。

凉山彝族火把节的系列变化将产生两个主要影响：首先，它将借助旅游业这一途径显著提升西昌市的文化形象，从而使该城市的文化概念和精神风貌得以广泛传播，当地人民也基于旅游业而获得了一定的经济收入。由此可见，旅游业使整个彝族地区由最初的封闭状态转变为开始接触外界，帮助彝族人民进一步了解自身民族节日的价值，更将其传播至广阔的民间社会，借此机会，政府和学术界也开始重新审查节日相关的社会、经济和文化活动。与此同时，引入由市场主导的营销机制，由政府主导的为节日支付的统一模式也在一定程度上增加了政府的财政压力，在这种单一模式下，火把节的许多功能难以复制，仍然受到了一定的限制。

1998年，文化部设立了文化产业司，为文化资源发展成为一种新兴的经济形式提供了助力。国家鼓励个人和实体积极投入市场，助力民族和大众文化产业的发展。因此，改变单一政府主导的模式，并在政府领导下引入市场机制成为火把节的又一重大变化。市场机制的引入将使火把节更加符合游客的需求，火把节的内容将更加丰富，活动组织也会更为有序，参与性和娱乐性也将更为强大。

综合来看，市场机制的引入有两个功能：一是减轻政府的财政压力，二是由相关公司进行专业策划，使火把节的定位更为专业和清晰。彝族火把节的两次变更产生了巨大的市场影响力，多方人士对此极为重视。同时，人们也将注意力转移至火把节的发源地，旅游火车成功成为一种新型的旅游产品。经过两次演变，火把节从一个少数民族地区的民间节日变成了一个集经济、文化和娱乐等多种功能于一体的大型官方庆祝活动，对于弘扬彝族地区的民俗风情，展示西昌的城市风貌具有重要意义。

火把节的第一个变化的动力来自旅游业，第二个变化的动力来源于市场运作法则本身。这两种变化看似属于官方行为，由政府主导，但究其根本，还是受行业及市场的本质影响。旅游业的发展前景将直接影响火把节的实际内容和具体组织形式，可以说，"旅游之手"正在为火把节的未来发展保驾护航。过渡阶段之后的火把节实际上为人们提供了官方和民间两种形式的庆祝活动。彝族人民拥有属于自己的特殊庆典仪式和活动，政府也将为之提供公共的分享空间。在节日期间，政府以七日为期，着重向游客介绍彝族的传统文化和民俗风情。如2019年普威镇西番村彝族火把节以欢聚彝族乡村为主题，坚持还俗于节、还节于民，安全节俭、欢庆祥和，巩固脱贫成果、实施乡村振兴。由此可见，如今的火把节活动已经由民间传统活动转型为官方主导的文化活动，这也充分体现了传统文化与现代化建设的结合不仅不冲突，反而形成了良好的社会反响。活动的整体要求是展示民族文化特色，加强民族文化交流，实现民族团结，促进西番村乡村振兴环境卫生整治，共同庆祝新中国成立70周年。此外，布拖和帕格两县火把节的庆祝活动经常错峰安排，确保游客可以兼顾两个场地的活动。这种"双管齐下"的方法有助于保护和发展彝族的传统文化，在这一过程中，彝族人民也严格遵循自身的传统习俗，从而可以有效地保存和维护本民族文化，使自身的成长地可以永久地作为彝族文化的储存和生产基地，从而为节日旅游提供持续的文化支持和发展动力。

凉山彝族火把节所带来的积极社会影响集中体现在以下几点：首先，在宣传过程中，政府可以集中力量加强对主流价值观的宣传，进一步落实国家政策及科教精神。其次，节日期间大规模的人流和物流带动了旅游业的发展，刺激了消费并促进了当地的经济活动。再次，民间节日可以作为维持和促进民俗风情的一种方式，架起了文化沟通的桥梁，增强了国家整体的软实力，客观上加速了中华民族实现伟大复兴的步伐。最后，火把节的最大特点是极富娱乐性和趣味性，为人们提供了相当广阔的娱乐空间。节日期间，各种体育、田径、音乐和舞蹈项目充分考虑当地人和文化特色的吸引力，进行了科学的组织与规划。

自彝族火把节进入人们的文化思考与规划视角以来，我们所面临的一个重要问题就是其在未来该如何实现可持续性发展。笔者认为，走文化产业化道路，发展民俗特色，是彝族火把节在旅游背景下的必然选择。中国旅游业的发展在为彝族火把节的产业化提供助力资源和发展空间的同时，也将提出有关工业化的新问题。已经确认的是在这一影响下，彝族火把节将越来越重视工业化道路的标准化经营和文化产品的生产，尽量使文化资源商业化，从而最大限度地向社会提供文化产品和服务。此外，凉山彝族火把节也应扩大自身的时空影响。借旅游业之便，火把节的时间覆盖面每年长达七天，极大地延长和扩大了当地的旅游消费链。

不过，彝族火把节归根结底来自人民，仍然应该坚持为人民服务，并在最终复归于人民，其他任何因素都不能取代文化发展过程中的大众角色。因此，在未来，火把节应该首先在内容和组织方面满足当地居民的需求，包括情感需求、文化认同需求和心理需求等。没有人民群众作为坚实的基础，火把节将失去自身赖以生存的环境和土壤，缺乏人民精神的滋养，传统节日之花会逐渐萎缩直至枯萎。

通过彝族火把节应对现代化建设和传统民族文化相对峙的问题可以看出，正确对待部分传统文化的衰退，保存其中的优秀文化成分，摒弃与社会主义现代化建设相悖的内容；鼓励文化的发展变化，赋予传统文化与现代生活相结合的积极意义，以鼓励和引导的方式处理文化中的传统特色和现代成分，创造以传统成色为基础的现代文化；将振兴民族传统文化与经济发展相结合，发展文化经济，只有这样，才是弘扬传统文化、促进民族振兴的重要途径。

第三节 现代场景中的"仪式"与"展演"

记得我小时候最喜欢火把节，孩子们带着火把跑来跑去。到了晚上，烟花的响声漂浮在城市的上空，像星星一样在世界各地散布着，又仿佛渔火一样，像在风中闪闪发光，又像在水上漂流。年长的孩子带着年幼的孩子在街上用砖砌瓦，在柴火上撒上一层麦麸，然后点燃火炉……他举起火把，在山脊上走来走去。据说，燃烧的火把可以驱赶害虫，祛除疾病，迎接好的天气和雨水，能够争取丰收。

如果将火把节的三天分为开始、高潮和结束，那么第二天的高潮部分无疑是火把节的"重头戏"。与第一天相比，这一天的活动更加丰富多彩，人们的热情将被进一步激发，所有人都穿着节日的服装，在祭坛下吃饭，举办选美、射击、赛马、摔跤等活动。女人们大方、美丽而勤奋，男人们英俊、高大且有良好的品格。每个人都拿起了火把，高声唱着赞歌。人们聚集在火堆旁，夜晚和白天一样明亮。大家有说有笑，活动一直持续到午夜，气氛愉快而美好。

到了第三天晚上，人们以家庭为单位点燃火把，并将火把送到指定地点，向火神祈祷，向祖先祈祷，期盼自己能够拥有和平与幸福，庄稼有个好的收成。人们开始在篝火旁跳舞，边跳边唱起了这样的歌：

烧毁瘟疫之神，驱除灾难，驱赶厄运，明年是谷物丰收之年……

深夜，人们举起火把，穿过村庄，站在高高的山顶上，看着眼前美丽的景象，仿佛星辰掉到了地上。这就是火把节的最后一部分了。

由此我们看出，火把节的仪式过程是凉山彝族信仰体系的一个载体。对于仪式研究而言，学者褚建芳将其分为三种不同的研究路径或取向：一是把仪式看作情感表达的一种场合；二是将其看作戏剧表演或游戏形式，从而对之加以浓厚描述或深层解释；三是把仪式看作人与神之间进行力量交流的一个过程。①

综观火把节的由来传说及其语境表达方式，我们可以得出以下结

---

① 梁正海、柏贵喜：《滩仪"过关"的象征表达——土家族象征文化研究之三》，《中南民族大学学报（人文社会科学版）》，2008年第5期。

论。首先，凉山彝族火把节本质上是一种祭献神灵的仪式，其中人与神之间的交流构成了仪式的主要内容与核心部分。其次，人向祖先（神）送出牺牲供品，在人的心中，祖先（神）也向人们回报了吉祥、平安等寓意，从这一角度可以看出，此种交流的本质是"保护者"与"被保护者"之间进行信息交流。这种交流存在于不同的"等级"之间，可能与民主改革前云南凉山彝族地区的等级制度存在某种程度上的关联。

通过对前人研究成果进行梳理，我们可以得出，仪式活动通常被定义为象征性的、表演性的、由文化传统所规定的一整套行为方式。仪式活动是集体记忆、象征空间与地方认同的建构源头，因其研究有助于揭示城市各空间尺度内公共生活竞争的内在机制，已成为西方文化地理学的重要研究命题，发挥着举足轻重的作用。起源于古代社会的仪式活动以及人与神之间关系的背后，必然有一套与之相应的观念和信仰体系。因此，要研究凉山彝族火把节仪式，必须研究其背后的深层观念与信仰体系，其中包含了火把节仪式中的行为者对于仪式本身的理解与阐释。而对于凉山彝族人民来说，在他们的观念体系中，人和各种动植物都有灵魂，"灵魂不灭"是彝族原始信仰概念的基石，也是彝族整个文化体系的发端和赖以生存、发展的基础。彝族原始信仰主要集中于祖灵信仰和鬼神信仰，祖灵信仰的观念一直影响着凉山彝族人民的思想与行为，在他们的观念中，灵魂是人们生存与活动的引领者与主宰者，人死后灵魂不灭。因此，火把节是围绕人的灵魂而展开的一种祭祀活动，即向祖先那里赎回活着的人的灵魂。在这种献祭仪式中，牺牲品、人与神构成了仪式的三个重要因素，也由于这三种特殊元素的存在，火把节仪式具有绝对的真实性。

仪式的真实性历来是学术界讨论的重要话题，在现代旅游活动中，仪式经常作为体现和展示传统文化和地域价值的一种活动载体，其本身具有特殊的表演性和场景气氛，它也经常被用于吸引游客，甚至让游客直接参与到"移置"的舞台性表演之中。在实际生活中，对仪式这种文化资源的利用会产生一些矛盾，由于仪式的举行是传统社会文化的历史性延续，所以其在时间、地点和参加者等方面都有明确的规定，许多仪式属于特定族群内部的活动，原则上不允许外来者参加。然而，随着现代旅游业的兴起，当仪式活动被用于服务旅游或产生经济效益的时候，借助或改造传统仪式的事件和事例便屡见不鲜。①

21世纪，为促进当地的经济社会发展，凉山州政府制定了一些列发展经济、文化和技术的相关战略，提出要将科技、文化和旅游相结合，力争取得良好的经济效益，带动全州经济发展，改善人民的生活质量，提高人民的生活水平。但与此同时我们也明白，要真正实现创新型发展，相应政策的背后必须要辅之以健全周密、行之有效的推进措施。彝族地区的文化资源异常丰富，选择适当的早期文化发展类型和方式至关重要。在将火把节纳入遗产保护视野之前，政府就已经积极采取措施保护这一民族文化，使其知名度与日俱增，成为凉山州最为重要的文化标志之一。

2018年7月28日，中共米易县委、米易县人民政府举办主题为"火把照亮奔康路 篝火温暖感恩心"的火把节庆祝活动，全县十万余名当地群众及游客齐聚一堂，感受着浓郁、多彩而深厚的民族风情。火把节活动分"彝韵风情"和"火把狂欢"两大板块，包括千人"朵洛荷"表演、传统少数民族体育比赛、文艺演出、取火及点火仪式、

---

① 见李春霞、彭兆荣：《彝族"都则"（火把节）的仪式性与旅游开发》，《旅游学刊》，2009年第4期。

万人火把和万人"达体舞"狂欢等内容。活动从不同角度展现了米易县多民族的风土人情和经济社会发展新态势，为观众奉上了一场精彩的文化视听盛宴，现场观众热情高涨。活动伴随着"朵洛荷"表演开始，上千名民族姑娘身着艳丽的民族服装聚集在一起，手拉手，戴着头巾，打着黄伞，踏着优美的舞步，吟唱着古老的歌谣，漫步在安宁河畔。姑娘们高亢的歌声，细碎而曼妙的舞姿，给来自五湖四海的游客带来无与伦比的视觉体验和心灵震撼，也展现了米易县民族同胞团结进步、积极向上的精神风貌。

除了火把节，政府还开始重新审查彝族的其他民族节日，如服饰节、民歌节和母语文化节等。为了把它们打造成为优质的文化和旅游品牌，使文化资源成功转化为文化产业，凉山州政府还致力于创建高质量、充满活力、多样化和参与性并存的旅游项目。在这一举措下，彝族的民族饮食文化、礼节文化、建筑文化和其他文化内容也在不断丰富和发展。

为了更好地培育火把节这一文化品牌，凉山州政府举办了"2019凉山彝族传统火把节暨'魅力中国城'文化旅游（西昌）博览会·天府旅游名县联盟活动"。整个活动以凉山州西昌市火把广场为中心举行，然后邀请全国的旅游城市共同参与，共同进行与文化旅游相关的产品展示。

此次博览会共设置展馆27个，主展区搭建展棚面积约为7850平方米。凉山州和攀枝花市在中心区域共同布设攀西文化旅游展区，面积约为907平方米。其余26个展台中，魅力城市展位11个，天府旅游名县展位6个，凉山州内重点旅游市（县）及旅游景区展位9个，主要展示景区介绍、旅游路线、特色旅游商品等内容。其中，以凉山彝族的展区为一大特色，主要展现彝族地区的历史传统、人文风貌、民俗风情、特色服装和日常需求等。在这里，游客可以自行购买喜欢的纪念品。此外，凉山州的绵宁县和惠东县都有属于自己的展厅，贵州省、甘肃省和湖北省也有城市参加。此次博览会主要以展览宣传为基础，辅之以纪念品展售，向游客传达出了友好而包容的信息。

与此同时，州政府还十分重视广告的宣传效应，在央视、旅游卫星电视和四川电视台投放了大量的火把广告，报纸（如《四川日报》《人民日报海外版》等）和杂志中也多以"东方狂欢节"这一概念来定义火把节，令人耳目一新。此外，诸多大型网站，如"新华网""新浪网"等还发布了有关火把节的专题报道，介绍了相关的基本情况。一系列宣传措施不仅有利于扩大凉山州和西昌市的声誉，还取得了良好的旅游推广效果。

在一系列举措的带动和刺激下，凉山彝族自治州萌生了打造属于自己的学术和文化品牌的想法，希望以此来更好地传承和发扬凉山的优秀民族文化，将独特的自然和文化资源转化为积极的可再生力量。凉山州政府也陆续推行了一系列活动：举办非物质文化遗产的手工艺品展览；利用火把节的机会开展学术活动，邀请一众专家学者，开设研究彝族文化的调查项目，深入研究彝族的历史和文化，并为有此意愿的相关人士提供一个共同学习、相互促进的平台；大力促进体育活动，主要是射击和摔跤等；此外，还有一些现代运动，如滑轮比赛和自行车比赛；打造一条或多条具有高质量且能吸引大量投资的旅游路线，以带动凉山地区的经济增长；等等。

毋庸置疑，这一系列举措不仅对凉山州彝族地区的发展起到了巨大的推动作用，也对整个社会和国家产生了一定的影响，主要表现在以下几点。

首先，增强了民族凝聚力，使各个民族间能够更好地沟通和融合。

传统意义上的火把节只有彝族人民参加，而官方的、新型的火把节吸引了不同地区、不同民族甚至不同国家的人的眼光。中国各族同胞和外国友人纷纷投身其中，参加了这一愉快的活动，这一大型集会不仅可以增强中国自身的民族凝聚力，而且可以帮助我们更好地与其他国家的人民进行沟通与交流。第二，旅游业的收入带动了当地经济的发展，改善了人们的生活水平，促进了城市发展与社会稳定。火把节期间，凉山州西昌市主要旅游景区的游客人数已趋饱和，酒店、旅馆、饭店以及各种小吃摊、纪念品摊位上的游客络绎不绝，毫无疑问将为当地带来更大的经济利益。

第四节　集体记忆的异化现象

　　自 1994 年以来，火把节发生了重大变化，最初其只是仅在大凉山深处才存在的民间节日。渐渐地，火把节开始进入人们的视野。从民间到政府，从村庄到城市，从边缘到中心，这一系列的变化表明，我们还必须对民族文化更加重视，深入思考其重要性，同时要从经济全球化的形势中找到一个真正适合我们自身发展的空间，以及寻求一条保有独特民族文化的有效途径。今天的火把节已朝着商业化和全球化发展，并且存在许多问题。面对新的发展和新的危机，如更新文化核心的困境，应注意保护其形式和内涵。

　　彝族在长期的生产和生活中积累了丰富而独特的文化表现形式。长期以来，由于地缘偏僻、自然条件相对艰苦，彝族地区人民出于自身的生存需要，较为关注农业生产，因此，凉山州非农业产业的发展十分有限，许多彝族人反而因此选择离开家园。一些彝族人在进入城市后仍然保留原有的生活方式，无法完全融入当地的生活生产环境，与其他民族之间存在明显差异。20世纪，大约有两批彝族人先后进入城市生活。第一批彝族人受过良好的教育，同时又深受传统观念的影响，严格遵循自己民族内部的婚姻制度，所以从某种程度上来说，他们仍然受到农村地区家庭的影响。由于工作单位和家庭相距甚远，他们常常在城乡之间来回移动。第二批彝族人大多数通过招募等方式进入城市并参与工作，他们接受了系统的培训，比第一批成员接受了更多的现代教育，与新文化的接触更多，所以逐渐脱离了传统社会，积极进取，勇于尝试新鲜事物。相比而言，第二批进入城市的彝族人成长空间更为广阔，选择也更为自由。生活环境的变化导致他们思想和观念上的变化，上一辈的彝族人逐渐老去，新一代的彝族年轻人正日渐成长，他们希望打破传统的束缚，探索新的发展，并时刻准备面对现实世界的挑战。毫无疑问，他们将给火把节带来一种新的继承和发展模式，让彝族文化拥有更为灿烂广阔的未来。

　　社会发展与文化更新的速度在加快，因此，彝族人民也必须重新了解和审视自己的文化，人民的认可也将增强国家的文化自信。为了推动文化产业的发展，西昌市政府在凉山民族文化公园成立了凉山民族文化艺术中心和中国彝族音乐产业基地。

　　凉山民族文化艺术中心是一座集民族性、现代性于一身的异形建筑群，是凉山州范围内的标志性建筑，也是凉山民族文化资源转变为民族文化资本的一个重大平台。凉山民族文化艺术中心位于西昌市凉山民族文化公园火把广场东侧，以演艺中心为主体，集学术交流、展览、商业、休闲、娱乐等功能于一体，是一座多功能型文化建筑，总建筑面积达2万平方米。室内设计采用有民族特色的木栅栏装饰，其造型从彝族服饰、器物的典型纹样中提取元素并进行抽象简化，旨在表现彝族人民热情奔放的性格特征。艺术中心的整体规划设计根植于凉山州特殊的地理环境与文化背景，是彝族传统文化与现代艺术的结合，体现了传统与现代、自然与人文、建筑与环境的和谐统一。

中国彝族音乐产业基地立足于凉山民族音乐发展的实际情况，借助大凉山的优质资源及专业团队，致力于打造一个资源丰富的发展平台，集中挖掘整理大凉山原创音乐，旨在创作出更多优秀的民族音乐作品，从而推动凉山民族音乐和歌舞走向全国、走向世界，为凉山的文化事业注入新的活力。

同时，火把广场也将作为国家的文化产业示范基地。为了增强当地文化的影响力，西昌市政府也采取各种措施积极应对，文化产业是其中极为重要和关键的一环。

首先，将旅游与文化相结合，选择最具特色的传统文化，发展文化产业链。要振兴凉山地区的旅游业，必须着力打造邛海、泸山、黄琅马湖、螺髻山等重点风景区，以追溯文化的历史渊源。

泸山海拔2317米，东临碧波如镜的邛海，西濒蜿蜒秀丽的安宁河，北有历史古城西昌，南依巍巍耸立的螺髻山。其上古树参天，松树尤其茂盛，古人曾以"松风水月"来描绘泸山邛海的风光，即泸山的松、安宁河的风、邛海的水、西昌的月。这里灵气所钟，又为僧道赞为悟道佳山。密林深处高低错落，露出梵宇、佛宫十余座，古刹殿宇因地就势，各据幽境，巍峨壮观，雕梁画栋，令人神往。素有"观音阁曲折迂回，瑶池宫高敞向阳，玉皇殿势险雄伟，五祖庵僻静幽深"之谓。

马湖属高原大型天然深水湖泊，水域面积73平方公里。东、西、南三面为高山屏障，北面为玄武岩、石灰岩碎块堆积而成的天然石坝。湖区港湾深幽，湖岸曲折多变，湖底灰岩层光滑细腻，无淤泥，湖水四季盈盈，清澈透明，无任何污染。湖周沿岸为茶园和森林所环绕，林木苍翠，湖光山色交相辉映，风光绮丽秀美。金沙江峡谷山体陡峭，江水湍急，绝壁高耸，怪石如林，极为险峻。区内为彝族聚居地，拥有极富民族特色的村寨、历史和文化遗迹，为景区增添了情趣。

螺髻山国家级风景名胜区位于四川省凉山彝族自治州境内，集独特的自然风光和浓郁的民族风情于一体，距西昌市仅42公里。因其主峰高耸入云，形似青螺，宛若玉髻而得其美名。景区完整保存了第四纪古冰川遗迹，以"高山湖泊、冰川刻槽、杜鹃花海、角峰刃脊、云山雾海、原始森林"等景观享誉中外。此外，景区还被誉为"世界古冰川地质公园""动植物王国""生物资源基因库"，是理想的地质研究、科学考察和生态旅游目的地，也是体验彝族风情的最佳所在。

其次，促进文化产业的发展和创新，充分利用区域资源，不断整合投资，扩大旅游市场。

2016年，为了纪念红军长征胜利八十周年，凉山州委、州政府研究决定投资拍摄电视连续剧《彝海结盟》。该剧由中共四川省委宣传部、中共凉山州委出品，是凉山州的第一部电视连续剧作品，也是凉山州推进文化产业发展的一大成果。作品全方位地展现了大凉山的自然风情和人文风貌，得到了多方的大力支持和高度赞扬。

2017年在中央电视台首播的《索玛花开》是中央电视台、凉山文化广播影视传媒集团有限公司联合出品的，由王伟民、王力东联合执导，王力可、于晓光等人主演的脱贫攻坚主题剧。该剧讲述了彝区人民在精准扶贫政策的推动和政府的大力支持下，主动靠勤劳脱掉贫困帽子，实现幸福生活的故事。①

最后，培育了当地的优秀企业，使他们能够充分发挥自身的创造力，创造出独属于当地的特色农产品，盐源县是凉山贫困县之一，由于高海拔、无霜期长、昼夜温差大等独特的地理和气候条件，苹果成为当地农村的主导产业之一；惠理，一座"南丰北彩云"的"小春城"，被誉为"中国石榴之乡"，其独特的光热资源和适宜的气候条件造就了石榴的优良品质，其石榴种植规模和产量居全国八大产区之首。

由上述情况可见，一个地区的经济发展与旅游、产业企业的复兴有着千丝万缕的联系，与文化的保护也密切相关。凉山彝族的旅游开发以现存的丰富传统民族文化资源为基础，以一种低耗高效型的新型文化经济形式对其进行开发和再生产，以展示多姿多彩的民族文化风情为目的，以创建民族文化交流平台为主要内容，旨在帮助民族地区人民实现脱贫致富。因此，政府在保护和传承传统文化的过程中要积极培育地方人民的文化意识，帮助彝族人民重新了解自己的文化，树立文化自信心，进而与多方建立积极联系，实现文化与经济相协调。对此，一些搬到西昌市区的居民也积极响应政府的呼吁。在日常生活中，许多人在街上穿彝族服装，通过多种方式和细节树立民族文化自信，成为促进文化变革的积极力量。随着国家对少数民族旅游产业开发战略的实施，要做到正确处理民族旅游开发与民族传统文化保护之间的关系，将旅游开发对当地民族文化的消极影响降到最低，实现旅游开发与文化传承协调发展，除了培养当地人民自身保护民族文化的责任感和使命感外，还要落实旅游收益的合理分配，只有这样，才能使自觉意识变为具体行动，才能使民族旅游业实现可持续发展。

---

① 冷成琳：《纪念改革开放40周年重点剧目面面观》，《中国广播影视》，2018年第8期。

第三章

凉山彝族火把节的历史与现实

第一节　凉山彝族地区的自然环境

　　凉山彝族自治州位于四川省西南部,北起大渡河与雅安市、甘孜州接壤,南至金沙江与云南省相望,东临云南省昭通市和四川省宜宾市、乐山市,西连甘孜州;地形复杂多变,地势西北高,东南低,北部高,南部低;高山、深谷、平原、与山丘交织在一起,形成了完整的构造地貌,同时拥有众多断层山、断层盆地和断层谷。流域周围的冰川较好地保存了下来。云杉林中随处可见古老的红色土壤,土地多样性的决定了自然生态环境的多样性,为生物的生存奠定了充分的物质基础,并为实施不同类型的旅游活动创造了条件。

　　凉山彝族自治州区域的气候属于亚热带季风气候区,干湿分明,冬半年日照充足,少雨干暖;夏半年云雨较多,气候凉爽。凉山彝族自治州境内河流众多,均为长江水系。干流成系的有金沙江、雅砻江和大渡河三大水系。森林植被分布多样,类型丰富,有乔木、灌木和草本植物,如木棉、番石榴、酸角、余甘子、拟金茅等。凉山彝族自治州内动物资源丰富,国家重点保护的一级野生动物有大熊猫、金丝猴、白唇鹿、虎、牛羚、豹和云豹等。与此同时,凉山彝族自治州境内的矿产资源富集,具有品位高、埋藏浅、采取条件好、综合利用价值高的特点。主要优势矿产有富铁矿、铜矿、铅锌矿、锡矿、稀土矿,潜在优势矿产有金红石、金、银,集中分布在冕宁、西昌、盐源、德昌、会理、会东等县。非金属矿种也有相当储量,产地遍及全州。

从以上叙述中我们可以看出，凉山彝族地区的自然环境条件十分优越，完整性和丰富性都极高，究其根本，是因为在凉山彝族生态文化中，最为重要的概念是"人与自然的融合"，它主张人与自然相互依存、协调发展。这一概念认为，人是自然的产物，在宇宙中，人与万物是相同的，互惠互利，无分高低。山脉、河流、古树、森林、巨石、泥土都是自然灵性的体现，云杉、松树、冬青、橡树、杜鹃、老虎、鹰、狼、牛等都是大自然的馈赠，不能随意杀害。不良的风水和神灵的入侵将导致村庄的灾难，公墓则被认为是与祖先直接相关的地方，禁止在邻近地区进行各种活动，包括伐木、采集和狩猎等。这种想法和认知是极为朴素和原始的，它意识到自然界中所有生物的生存是人类生存的前提，由此采取的一系列行为保护了凉山州的生物多样性，维持了不同生命形式间的联系，有利于维护生态系统平衡，同时也在一定程度上满足了当地居民的需求。

文化的创造依赖于特定的自然地理环境，每个民族都要在大自然提供的天然舞台上从事自身的文化创造活动，彝族也不例外。凉山特殊的地理位置和环境对凉山彝族的经济、文化、教育、饮食、服饰、建筑等各方面都产生了一定的影响，从而使凉山彝族民俗文化独具特色。凉山彝族服饰文化凝聚了凉山彝族人民智慧的精华，反映了凉山人民对周围地理环境的适应；较大的昼夜温差使得羊毛成为服装的主要原材料，羊毛织成的披毡和察尔瓦是凉山彝族的代表性服饰；"苦荞文化"和"肉食文化"等特色饮食内容也与其自然地理环境密切相关。彝族人民的热能消耗较大，所以以猪肉和牛羊肉为主食，从而使自身与寒冷干燥的生态环境相适应。凉山的自然地理环境对于彝族的婚俗也有一定的影响，其所施行的民族内婚、等级内婚、"家支"外婚等均与此不无关联。高山大川使得凉山地区交通困难、信息闭塞，不同宗族的青年男女没有时间和空间上的保证，平时少有接触的机会，不便于相互了解，无法建立一定的感情基础，便只能听凭父母之命、媒妁之言，包办婚姻由此产生。凉山的自然地理环境对建筑民居也有重要影响，彝族人民在适应自然、合理改造自然的生产生活实践中创造发明了具有鲜明民族特色的各式民居，如互板房、闪片房、土掌房、三房一照壁、干栏房等，都是彝族民居建筑的典型代表。彝族人民的居住地区分布较广，各地的自然条件不同，所以房屋的构建、功能、造型等也不尽相同。总之，凉山彝族人民的生活方式和文化发展与其所处的特殊地理环境紧密相关，反映了彝族人民独特的文化风格及审美眼光，所以在审视彝族民俗文化发展时，了解和掌握彝族文化生存所依托的自然地理环境是很有必要的，它孕育了凉山彝族鲜明、极具个性的民族文化，直观地显示了彝族文化的独特个性和多元化的民族特征。

第二节 凉山彝族地区的社会环境

凉山彝族自治州位于四川省西南部，是全国最大的彝族聚居区。全州幅员6.04万平方公里，辖16县1市，木里县是全国仅有的两个藏族自治县之一，境内有彝、汉、藏、回、蒙等14个民族，截至2019年年末，全州户籍人口531.03万，其中少数民族人口为303.97万，占总人口的57.25%；彝族人口为285.88万，占总人口的53.84%。1935年中央红军长征过凉山，彝海结盟在中国革命史上写下了光辉的一页，成为党的民族政策实践的开篇典范。1950年凉山解放，1952年成立凉山彝族自治州，1956年实行民主改革，从奴隶社会进入社会主义社会，1978年与原西昌专区合并，成立了新的凉山彝族自治州。①

凉山是全国知名的资源富集地区。清洁能源富甲天下，水能资源技术可开发量7000多万千瓦，占全国的15%。生态旅游资源绚丽多彩，邛海泸山、泸沽湖等闻名中外。绿色农业资源丰富多样，是全国农产品优势区，同时也是发展绿色特色农业的最适宜区。战略资源得天独厚，是攀西国家战略资源创新开发试验区核心区域。民族文化资源独具魅力，彝族火把节被列为世界非物质文化遗产备选名录，彝族文化、藏乡文化、摩梭风情等多民族文化交相辉映。②

党中央十分关心凉山发展，习近平总书记于2018年春节前夕亲临凉山视察，作出一系列重要指示，对凉山寄予厚望。四川省委、省政府量身定制32条政策举措、16条工作措施综合帮扶凉山打赢脱贫攻坚战。全州上下受到巨大鼓舞，聚焦聚力脱贫攻坚"头等大事"、转型发展"第一要务"，坚定不移沿着习近平总书记指引的方向奋力前进。

2019年，凉山州实现318个贫困村退出、14.2万贫困人口脱贫，累计退出贫困村1772个，减贫80.5万人，贫困发生率降至4%，全州地区生产总值达1676.3亿元，地方一般公共预算收入153.6亿元，居全国30个少数民族自治州前列，被命名为"全国民族团结进步创建示范州"。

特殊的自然和历史环境使凉山成为历史一体化的整体，它不仅为居住在那里的数千个民族提供了充足的栖息地和生存空间，而且还促

---

① 以上资料来自凉山彝族自治州人民政府官方网站。
② 阿联非各：《凉山彝区文化扶贫的作用及实现路径》，《智慧中国》，2020年第6期。

进和保存了独特的民族文化。凉山彝族非物质文化遗产内涵丰富，表现形式多样，风俗习惯浓厚。它在全国乃至全世界都是独特、原始和必不可少的，具有很高的历史价值、文化价值、审美价值以及巨大的遗传价值和发展潜力。

近年来，凉山州格外重视非物质文化遗产的保护，出台了保护民族文化的法律，取得了显著成效，立法工作走在四川省前列。为确保民族地区非物质文化遗产的保护具有一定的法律基础，凉山州率先开展了相关立法工作。自2010年7月起，《凉山彝族自治州非物质文化遗产保护条例》正式实施，其中规定："非物质文化遗产保护的原则是：政府主导、社会参与、抢救保护、合理利用、传承发展。"非物质文化遗产的保护遵循合法化、标准化和制度化的道路，在国家、省、地区和各级创建了一系列金字塔形非物质文化遗产指标。非物质文化遗产是凉山人民在长期的生产生活中形成的智慧与文明的结晶，是民族民间文化艺术的杰出代表和重要组成部分，它象征着彝族人民数千年而来形成的传统观念、文学、思想、美学、艺术、哲学和风俗习惯，具有极大的影响力和知名度。2008年1月，凉山州民族民间文化保护工程暨申报世界遗产工作专家委员会成立，旨在为凉山州民族民间文化保护工程和申报世界文化遗产工作提供专家咨询、项目论证、项目评审、业务指导并定期召开专家年会。2011年9月，凉山州文化厅成立了凉山彝族自治州非物质文化遗产研究中心。2019年11月，《国家级非物质文化遗产代表性项目保护单位名单》公布，凉山彝族自治州非物质文化遗产保护中心获得"火把节（彝族火把节）、彝族年"项目保护单位资格。此外，凉山州还创办了单独的员工和劳工基金，以充分确保非物质文化遗产的管理和监督。特别值得一提的是，通过多年的活动，凉山州逐渐形成了诸如专家年度系统会议、专家协商机制、专家审查机制、专家论坛机制等新措施来有效保护非物质文化遗产，并适当在全州进行推广。

为加强非物质文化遗产的保护和传承，引导和探索非物质文化遗产生产性保护路径与方式方法，激发非物质文化遗产的内在活力，促进经济社会全面协调可持续发展，根据《文化部关于加强非物质文化遗产生产性保护的指导意见》（文非遗发〔2012〕4号）和相关文件精神，四川省启动了"省级非物质文化遗产生产性保护示范基地"的申报认定工作。各市（州）、县文化局根据《四川省文化厅关于开展省级非物质文化遗产生产性保护示范基地建设的通知》（川文办发〔2012〕142号）要求，通过自愿申报、自下而上的方式，在反复审查、遴选、论证和征求有关方面意见的基础上上报省文化厅。省文化厅相关部门根据申报程序要求，组织省级非遗专家对全省各地推荐的32个生产性保护示范基地进行评审，最后认定7个单位为省级非物质文化遗产生产性保护示范基地。其中便包括四川省彝族服饰生产性保护示范基地。2012年12月13日，四川省文化厅在眉山市成功召开了四川省非物质文化遗产保护督查工作总结暨生产性保护工作交流会议。会议期间，举行了首批四川省省级非物质文化遗产生产性保护示范基地颁牌仪式。

凉山彝族的服饰多姿多彩，风格独具。历史上，由于彝族支系众多、居住分散，再加上地理环境因素，各地服饰区别明显，样式各异，具有浓厚的地域性色彩。凉山不少地区四季冷凉，气候变化不大，所以彝族服饰季节性不强。男子多蓄发于头顶，彝族人民称之为"字尔"或"字木"，这是一种极为古老的传统装束。彝族女童蓄发后梳单辫垂直于脑后，长三四厘米，系红色棉线穿于耳际，或戴红色石质小圈，用线穿入圈中。妇女上衣多为毛、棉、丝制，有排襟、前襟和后项圈，袖口用彩线挑有图案花纹，领口周围缀以金器、银器、珠宝和玉器。

一般青年男女服装色彩鲜艳，喜用红、黄、绿、橙、粉等对比较为强烈的颜色，纹样繁多。中年人服装的纹样较青年人为少，使用天蓝、绿、紫、青、白等色，素貌庄重。老年人多用青、蓝布，一般不做花，仅以青衣蓝边或蓝衣青边为饰。① 此外，彝族男女均外着"察尔瓦"和披毡。

凉山州还实行强有力的管理，开拓了数据库与生产基地相结合的保护路径。目前，除彝族服饰生产性保护示范基地外，"彝族火把节""彝族年"和"彝族口语音乐"也成为数据库建设的重点项目。凉山州数据库结构的保护规划中也包括了具有代表性的继承人的抢救协议项目，旨在有效保护的前提下，适当地进行生产和使用，逐步研究数字化与文化遗产生产力相结合，以健康的方式保存和发展彝族非物质文化遗产。

当然，在取得一系列成果的基础上，我们也应看到，凉山彝族非物质文化遗产的工作仍然存在许多问题。

其一，彝族濒危民间工艺品、彝族医药、手工艺品、彝族风俗和彝族歌舞等许多非物质文化遗产流传难度较大，保护手段尚不完善，难于保存和传递。其二，现代化进程的加快和全球化趋势的加强对非物质文化遗产的影响越来越深刻，一些基于听写和继承行为的文化遗产正在不断消失，许多传统技能面临流失的危险，许多宝贵的、具有文化价值的物品和材料处于或即将处于被遗弃或丢失的窘境，民族文化保护现状不容乐观，实行健全、周密、有效的总体规划迫在眉睫。其三，部分彝族人民的传统文化观念逐渐削弱，人们参加传统文化活动的热情日渐下降，大量彝族村民开始涌进城市，人口流动性增强，

---

① 黄平：《论凉山彝族传统民俗色彩的文化特质》，《装饰》，2009年第11期。

这些都导致传统的文化活动难以开展。以彝族人民为载体的口头传播逐渐失去了存在的基础，部分非物质文化遗产项目的后继者少之又少，传统民族民俗文化的保护工作步履维艰。其四，声明少于保护的问题更为重要。实施保护性规定还远远不够。没有严格的长期机制，也没有切实的保护措施。其五，非传统工作的影响没有产生预期的效果，保护非物质文化遗产的基本理论和实践仍然存在，但无法完全满足保护、继承、利用和发展非物质文化遗产的要求。这些问题在某种程度上影响了保护工作和开拓工作的连续性，也就意味着凉山州非物质文化遗产的相关工作还有很长的一段路要走。

第三节 凉山彝族火把节的历史面貌

彝族是一个有着悠久历史、古老文化和神奇传奇的民族，至今仍保留着自身最为古老、强大和独特的文化传统。彝族祖先仰慕火，彝族人也认为自己是火的后裔，他们世世代代热爱火，维护着火，认为火是生命的起点，同时也是生命的最终归处。火把节是凉山彝族一年一度的传统大祭，起初，彝族祖先习惯用火把赶走昆虫，驱除恶魔，希望以此来保佑庄稼收获。慢慢地，在彝族人民逐渐征服自然、改造自然的历史过程中，这一习俗已逐渐发展成为一种民间文化体育节。火把节历史悠久，至今已有上千年的历史，关于火把节的起源也有许多记录和传说，大多内容丰富，且有其自身的特点。

一、火把节的渊源

在现在人们的印象中,火把节是一个喜庆的节日,而且背后有英雄战胜天神、人们举火把庆祝的传说做支撑,因此,人们对火把节中所蕴含的喜庆意味深信不疑。其实,火把节最初发轫,源于由"屈服"而引起的属于广义的"悲"。现在的火把节与世界各民族的许多节日一样,由最初的悲凉转而向欢快、喜庆发展,是社会发展所导致的文化变迁,也是人们价值观念的改变使然,同时还满足了人们社会生活方面的需要。世界各民族的节日和庆典活动绝大多数发轫于悲怆之事,都有苍凉的、悲壮的、深刻的文化历史底蕴。比如在古希腊历史文化中,最具代表性的四大竞技节日分别为奥林匹克、尼米亚、科林斯地峡、皮西尼,四者无一例外,都起源于丧葬仪式。在古代,各地区、各民族文化的发生与发展往往有相同的模式和相似的轨迹,节庆文化尤其如此。但现在世界文化日益发展变化,各地区的经济与社会发展较不平衡,包括节庆在内的传统文化的命运亦不尽相同。① 在当今中国,民众的经济意识被日渐触发,参加节日活动的人几乎都毫无例外地有所追求,其所追逐的或是快乐,或是经济效益,人们的这种心理使传统的文化节日成为"欢乐的经济活动"或"欢乐的社会活动"。

过去一段时间以来,人们最不愿意听到这样一种说法,即"人民惧于神,败于神",而往往更喜欢也更容易相信"人能胜于神",因此,说到火把节的起源,彝族人民也开始更倾向于说火把节是关于人战胜神的一个庆典活动。其实不然,火把节在彝语里叫"都者","都者"作为一种民间民俗文化活动,有如是传说:从前,天上有个叫额史阿

---

① 罗曲:《历史视野里的彝族火把节》,《楚雄师范学院学报》,2011年第10期。

约的天神到地上收租税时，死于大力士呷波热之手，天神之主知道后，声言要派天兵天将到民间报仇。听闻此言，呷波热率众烧掉了连接天地的铜梯和铁梯，天神之主见梯子被烧毁，天兵天将无法到地面报仇，便决定放害虫吃掉民间的庄稼，把地上的人活活饿死。呷波热知悉后为了保住庄稼，遂与天神之主谈判，最终了结了此事。此后，每年农历六月二十四日（即额史阿约死去的日子），地上的人都要以一定的形式祭祀，表示对额史阿约的哀悼。所以每到六月二十四日这一天，"富人杀牛赔，穷人杀羊赔，单身汉杀鸡赔，寡妇用荞粑赔"，形成了都者节（火把节）。①

当"都者"成为一种节日，年复一年于固定的日子举行时，便有了历法的意义，所以史书中有彝族先民六月二十四日举火过岁或祈岁的记载。随着时间的推移和历史的发展，过岁或祈岁的"都者"在内容和形式上得以不断的丰富，因而与其发轫时期的形态相比发生了变异。朱文旭先生在《彝族火把节》一书中提到，火把节历时三天。从内容上来看，第一天，原始宗教文化色彩较为浓厚；第二天，主要是举行各种文体娱乐活动，包括斗牛、斗羊、斗鸡、赛马、摔跤、选美、歌舞等；第三天，其内容为送火神。这是火把节庆祝最为普遍的一种形式，也是最传统的一种过法。部分地方彝族支系受异族文化或本身民族文化的影响，火把节的内容和形式别具一格。比如：云南禄丰火把节在物质内容方面，除当地彝族传统的相关物质外，还吸纳了火药、带颜色的纸张、红绿布、香面、纸火等，其内容有祭祖、开光、祭天、耍火把、扫邪驱鬼、送火把等；云南双柏县罗武支系火把节的内容有椎牛祭天神、祭谷神、除祸害、送火把、祭土主等。由上述内容可知，

---

① 李松、张世闪：《节日研究》（第十辑），山东大学出版社，2015年，第50页。

各地或各彝族支系的火把节总体精神上一致，且都包含发轫于"祭"的信息，但具体内容或形式则各有千秋。这一方面说明了火把节内容的丰富多彩，另一方面也说明了变异现象的客观存在。但是，这种变异无论如何也是在彝族聚居地发生的，始终源出于彝族居民，并且为彝族居民所感受和体验。

二、改革开放下的彝族火把节

转眼间，历史的年轮转到了改革开放后的当代社会，一方面，政府逐渐开始引导并参与；另一方面，这也在某种程度上满足了彝族人民的需要，古老的"都者节"已约定俗成变为"火把节"，且凭借其全方位的变化迸发出了新的活力，展现出了新的面貌。

彝族火把节本是彝族古代的一种民俗活动，但一旦有了外在力量和因素的介入，其在规模、格调和内容等方面都发生了较大的变化。凉山州州委、州政府十分重视火把节的仪式和相关庆祝活动，各个县、县级市和乡镇也把火把节作为头等大事来办，多方力量积极介入这一有着深厚彝族文化底蕴的民俗活动之中，对之进行精心筹备。

由于公共力量的参与和介入，原始的火把节逐渐变得正式起来，大多由当地政府部门牵头，会举办较为隆重的开幕式，由当地有关领导主持或致辞，之后才是各种节目表演。对于基层的火把节活动而言，其中彝族传统的民俗气息自然要更为浓厚些，虽然也引进了一些新的内容与形式，但传统节目仍然占据主要地位，而且能使人近距离地感受当地村民家庭过火把节的活动气息与节日氛围。

公共力量对火把节的介入、引导，不仅使火把节的内容更加丰富多彩，影响更大，而且日益从家庭走向集体，从乡村走向集镇、城市。这种内容的丰富和地域空间的拓展，其结果是显而易见的社会效益和经济效益的双重收获。在社会效益方面,主要表现在丰富了彝族人民的精神文化生活,对促进彝族文化与外界文化的交流和发展,建设彝民的社会主义精神文明有积极作用。在经济效益方面,主要表现在产生了相当多的经济成果,带动了当地的经济发展。可以说,这种结果是外界力量介入火把节的一个重要动机和出发点。

三、火把节的过程与活动

在凉山州彝族火把节庆典举行时,众多彝族群众从方圆几十里甚至上百里的地方赶到约定的地点,大家在节日的场景中举杯畅饮、翩翩起舞、纵情歌唱,举行斗牛、斗鸡、斗羊、摔跤、赛歌、赛马、打磨秋、打陀螺、扁鼓舞、跳火绳等传统体育活动。在这里,我们选取几种彝族群众日常较多演练且较具代表性的传统体育活动来介绍。

(一)斗牛

斗牛,在凉山州彝语中又称为"牛顶",这一活动与久负盛名的西班牙斗牛运动天然不同,是牛与牛斗,以牛为主场,选取方圆几百里闻名的公黄牛来到斗牛场一决高下。在比赛之前,牛主人会将牛角削得很尖,将参加斗牛的公牛和一头小母牛一起赶到斗牛场,然后用披毡盖住公牛的头。等到解开披毡的时候,这两头公牛发现自己的母牛不见了,便会大发雷霆,并用自己的利角碰顶对方,直到一方不敢相斗或是体力不支弃路而逃。获胜的牛主人会获得相应的奖品,为自己的牛披红挂彩,行注目礼。

(二)赛马

赛马是彝族人民十分喜爱的一种民间体育活动,在凉山州彝族地区流行这样一种说法:一个男青年如果不能乘烈马、驯幼驹,就算不上有男子气概，便会被人耻笑。彝族火把节这种重大的节日中往往会举行正式的赛马活动，选择建有正规圆形马道的大草坪进行。比赛实行淘汰制，参赛者各自骑马，在听到号令声之后，策马向前奔跑，先到达的一方是胜利者。在比赛时，除了马力，还对其他各项指标有所要求，比如以速度快且步伐均匀为佳，还要求姿势优美，人马配合默契，竞争相当激烈。彝族人民养马赛马的历史较为悠久，他们十分热爱这项运动，每年都有上千匹马来参加凉山州彝族火把节的竞赛活动，这种追求人马和谐相处的彝族传统体育项目表现了彝族人民对民族和谐以及未来幸福生活的美好愿望与强烈企盼。

（三）摔跤

摔跤，凉山式摔跤又名"抱腰摔"，参加者以男子居多。四川凉山州美姑县享有"摔跤之乡"的美名。如今，每年火把节期间，凉山州彝族都会举行大规模的摔跤比赛。赛场上人山人海，从八九岁的小孩到一众成年人都十分活跃，场面一度热闹非凡。一般来说，凉山州彝族地区的摔跤比赛与其他地区有所不同，具体表现为以下几点：第一，采取反抱腰的方式，双方面对面，前后站立，上身稍向前倾，形成上体交叉的状态。第二，采取交叉抱腰的方式，双方的手臂从腋下、侧肩等处抱紧对方，以将其摔倒、压在自己身下为胜；第三，比赛采取三局两胜制，在这一过程中，最终获得胜利的人会获得"摔跤王"的称号，并获得一定的奖励，还能为所在的宗族、村落争取荣誉。凉山州彝族摔跤具有较高的竞技水平，如今更是成为全国少数民族传统体育项目之一，折射出彝族人民对生态自然的积极适应与对体育的独特诉求。

（四）达体舞

彝族人民能歌善舞，其传统舞蹈内容多样，具备体育项目的特征。

其中达体舞是凉山州彝族地区一种古老的民间舞蹈，具有非常广泛的群众性以及较强的娱乐性。这类舞蹈男女老少皆宜，不受时间、场地、人数和道具等条件的限制，伴奏音乐悠扬动听，舞蹈动作简单明快，洋溢着舞者的奔放与热情。新中国成立以后，我国文化部门对这一舞蹈进行了整理与挖掘，使其流传至祖国的大江南北，甚至走出了国门，面向世界。经过改编后的现代达体舞主要有踢、踏、勾、磬、跳等脚上的动作和幅度较小的腰上动作。达体舞融民族传统音乐和现代音乐为一体，具有浓烈的民族气息与时代色彩，少则数人，多则上万人同舞、同乐，集参与性、娱乐性、互动性于一体。如今，随着彝族火把节的传播，达体舞加快了迈向世界的步伐，成为名副其实的"中国交谊舞"。

（五）打磨秋

打磨秋，又叫"磨儿秋"，是凉山州彝族地区古老而常见的一项传统体育项目。相传在很久以前，彝族村落久旱不雨，树木枯萎，河流干枯，庄稼颗粒无收，民不聊生。在绝望之际，李家兄弟想出了一个办法，制作打磨秋，荡到天上与老天爷对话。最后，老天爷被这对兄弟感动了，于是普降甘霖，太阳升起，彝族村落才终于得以得救。但是李家兄弟由于连续打了十五个昼夜的磨秋，最终过度劳累而去逝。后来，人们为了纪念他们，便在每年的火把节打磨秋，以表达对他们的感激与怀念之情。磨秋由两根木头制成，一般情况下，由两个人用腹部贴着旋木的两头，双手抱杆，走几步之后便以旋木中心为圆点做旋转运动，腿向前方摆动。这时另外一只脚借助地面推力，做后翻身，形成一个双臂抱杆做俯卧撑的姿态。表演者一边唱着山歌，一边在磨秋上做"飞燕凌空""燕子翻梁"等较为惊险的动作。

凉山传统的火把节是彝族人民自发举行的，遍布各个村落和地区，没有统一的组织，也没有外来力量的介入，民俗简单而有趣。近年来，在政府的引导和诸多企业的参与下，凉山彝族火把节不再只是彝族人民自我参与的民族节日，而是开始面向其他民族和外国游客。在"西昌凉山彝族火把节"开幕之夜，篝火被点燃，当地人和来自全国各地的游客举着成千上万的火把，人们携手在篝火旁走来走去，快乐地跳起了舞。

随着各地旅游业的兴起，凉山州各级政府逐渐认识到火把节民间活动的丰富性、多样性和重要价值，他们以保护、发展和利用火把节为法则，旨在打造有特色、有内涵的文化品牌，使其成为一个能够被长久保护和传承下来的节日。同时，以政府为主导，集娱乐、商务、旅游和其他功能于一体，从而使彝族火把节以民间继承和国家赞助的形式存续。这一方面有利于地方政府实现地方经济和社会发展的任务和目标，另一方面，也有利于通过繁荣民族文化企业来展示地方政府在执行国家政策和以政策促进民族和睦与团结方面的表现。政府举办的"城市版本"火把节比"乡村版本"火把节内容和范围更为广泛，更饱受欢迎，同时也更具影响力和辐射力。这一变化为促进凉山州民间节日和凉山州的经济与社会发展发挥了积极作用。但是，应该指出的是，这种转变从某种程度上来说已经失去了传统民间火把节的真实性和纯度，而已然促成了一种全新的火把节的产生。未来，在保持两个版本并行发展的同时，我们有必要扩大传统民间火把节的文化空间，并回归凉山彝族火把节的本质，使火把节这一人类宝贵的非物质文化遗产继续吹着简单的风。

凉山彝族火把节最初是彝族文化意识和自信心的体现，也是彝族感受节日气氛、追求历史记忆的媒介。这一节日也受到了外国游客的广泛关注，因此，政府极为重视，将其视为经济和社会发展的动力，从而使火把节的"表演"成为一种必需。面对这种中外力量的双重影响，彝族社区应作为彝族文化的仓库和生产基地，支持彝族文化有效地维持自身，并在与外国文化的碰撞中不断发展，从而为民族节日旅游提供持续的文化支持和发展动力。

彝族火把节在旅游、文化、体育、商业和其他活动领域开展了一系列活动，以进一步提高西昌的旅游声誉。凉山州以彝族火把节为主题开展了各种系列活动，由此带动了周边了一批农家乐、彝家乐的快速发展，乡村旅游由此激活，村民开始受益于旅游红利。

安哈镇是凉山州西昌市唯一的彝族建制镇，彝族人口占总人口的99%。2003年建成新镇时，安哈镇人均年收入不足1000元。为了摆脱贫困，安哈镇依托本地的优势资源，深挖民族特色文化，大力实施"旅游兴镇"策略，借助火把节的影响力，打造原生态彝寨风情旅游强镇。如今安哈镇已有50多家彝家乐，2017年，安哈镇接待游客91万人次，旅游收入3600多万元，全镇的人均年收入因此提升到7500多元。民族文化与乡村旅游有机结合，旅游扶贫、旅游富民，安哈镇的乡村振兴取得了明显成效。①

彝族火把节举办期间，正是当地很多水果成熟的时节，依托节日热潮，各个乡镇的特色物产也纷纷展示起自己的风采。如今川兴镇的蜜桃年产量500余万斤，年产值1780多万元。除了蜜桃，西昌的葡萄、核桃等当季特色物产也都在彝族火把节期间通过各种推介活动广为人知。在资源整合、打包推介，用旅游串联起民族文化和特色物产等一系列措施的推动下，凉山彝族火把节的前四天就吸引了超过215万游客前来，旅游收入达到10.79亿元。

---

① 王奇：《火把节延伸出亿元致富路》，《农家书屋》，2018年第11期。

第四章

凉山彝族火把节的繁荣与失落

第一节　凉山彝族火把节的历史繁荣记忆

2006年5月20日，国务院在中央政府门户网上发出通知，批准文化部确定并公布第一批国家级非物质文化遗产名录，火把节名列其中；11月15日，相关部门联合组织又将火把节评为"中国十大民俗节"之一。在媒体报道中，火把节也一度从凉山彝族的地方节日提升为"中国的狂欢节"，甚至有"东方情人节"和"东方狂欢节"之称。

2007年8月6日，凉山州举行了盛大的"第五届凉山彝族国际火把节"，此次火把节是凉山州取得"一办三创"成功后首次举办的国际性盛会。八月凉山，艳阳高照，火把欢腾，火把节首先在布拖、普格拉开序幕，凉山顿时成为一片欢乐的海洋，主会场西昌隆重举行各项表演庆祝活动，将"东方狂欢节"演绎得淋漓尽致，把火把节推向节日高潮。火把节的成功举办表明，政府的节日举办模式越来越成熟，火把节的品牌效应越来越明显，品牌形象越来越鲜明，假日经济得到了健康、持续、快速的发展。截至8月10日，全州共接待游客132.45万人次，同比增长31.77%；其中过夜游客22.6万人次，同比增长21.96%；一日游游客109.85万人次，同比增长34.31%。

2011年7月24日，四川凉山州西昌市数千名群众身着节日盛装，跳起了独具民族特色的舞蹈，拉开了"第六届中国·凉山彝族国际火把节"的序幕。本届开幕式一改以往的常规主持形式，采取现场随音乐配音主持的方式，字幕也有英语、彝语两种，是历次火把节开幕式中水平最高、规模最大的一次。火把节中的另一亮点即点火仪式,主要分为"祈火""取火""点火""赞火""狂欢"五个板块,将充分展现彝族文化对火的向往,彝元素、火元素、时尚元素三位一体,创新了开幕式的演出。

2015年8月8日上午8时30分,在一派祥和与热烈的气氛中,"第七届中国·凉山彝族国际火把节"文艺演出在西昌市火把广场拉开帷幕。本届火把节以"东方狂欢夜 燃情火把节"为主题,已于8月6日开始,将持续到8月10日。本次活动以提升凉山形象、打造凉山品牌为主线,以加速凉山旅游进程、提高对外开放水平为目的,主张政府主导、社会参与、市场运作,坚持打造独具魅力的民族文化品牌,不断传承和弘扬优秀的凉山彝族文化,充分展示凉山的富集资源、秀美山川和古朴风情,进一步提高凉山的知名度和对外影响力。

文化既是一个民族生存的根基,也是一个民族全面建设小康社会的精神与心理基础,它不是一成不变的,而是随着社会的发展、文化的积累与变迁不断延伸和壮大。所以,能使一个民族得以持续生存和发展的文化,绝不是一块顽石,而是一个充满活力的、动态的、开放的系统。从另一个角度来讲,一种有生命力、有发展前景的文化,一定会与时俱进、不断变迁,从而不断冲破旧的文化平衡系统,形成新的文化平衡系统,最终促进社会的发展。文化的不断变迁与转型以及由此而出现的人的价值系统的构建,是一个民族群体要实现自身继续生存和发展所必须接受的一种客观规律,对于当今的凉山彝族而言尤其如此。因为从文化人类学的角度来看,在整个人类历史上,由于人们生存与发展需要的改变,传统的行为和态度终将不可避免地被取代或改变。①

因此，在彝族全面建设小康社会的过程中，在现代休闲社会的语境下，以某种方式充分利用彝族固有的传统文化，在某些方面充实现实所需要的新内容，或者是创造一种适应现实的新形式，都是很有意义的。所以，当代火把节的变迁是无可厚非的。

文化的变迁，是由于文化传播、文化迁移、文化影响等外界条件所直接造成的"直线式变迁"或"外部式变迁"。这种变迁主要受到物质文化的影响，在潜移默化中改变着人们的物质生活方式。除了这种直线式的发生在物质文化层面以外的变迁，文化领域的变迁更多地发生于非物质文化层面，非物质文化层面覆盖的范围和领域很广，主要涉及观念层面、行为层面、心理层面等，这种变迁的结果往往导致与文化观念、文化心理和文化行为等相关联的问题，从而对社会的价值体系产生影响和冲击。

从文化的变迁与发展来看，直线式的变迁会引起非物质层面的变迁，最终导致出现文化整合或转变的现象，从而使社会过渡到一个新的历史阶段。由此，我们应当思考这样一个问题：凉山彝族要实现全面建设小康社会的目标，必须运用自己的传统文化，但是不能固守传统文化，因而要对传统文化加以发展甚至创新。实际上，在外部力量的强盛刺激下，这种文化的变迁与发展不仅是文化主体的一种需要，也是无法为人为所阻止的文化发展的需要。同时，任何文化都是由人创造并由人实行的，同时又反过来塑造着人、服务于人。所以，文化的变迁既是人的一种需要，也是依靠人来实现的。在这里就出现了一个问题：文化主体涉及多个层面，主要包括文化精英层面和大众层面，

---

① 罗曲：《历史视野里的彝族火把节》，《楚雄师范学院学报》，2011年第10期。

同时，从凉山州的现实情况来看，其与其他社区一样，还有管理领导层和群众层之分。因此，一个随之而来的问题就是：这种文化变迁发轫于什么层面的主体之中，或者可以说，这种文化变迁最为哪一个层面的文化主体所接受和提倡，对各个层面的文化主体和社会发展会产生什么样的影响。

总之，火把节从产生到发展，再到进入现代被作为休闲资源加以利用，其间经历了漫长的历史发展过程，在这一过程中，火把节作为彝族人民的一种时间性、精神性的生活，在满足人们包括娱乐在内的各种精神需要方面，一直充当着重要的角色。如今，在休闲经济社会的发展背景下，火把节的娱乐范围和对象都有所拓展，并被相关部门加以开发和利用，使之成为一种具有综合效用的载体。同时，火把节也难以避免地与彝族人民之间产生了一定的距离，毫无疑问，这一问题也值得人们的高度关注。

第二节　凉山彝族火把节的集体记忆消解

一、新媒体传播和"族群流散"带来的集体记忆危机

（一）新媒体传播带来的集体记忆危机

文化堪称一个民族的灵魂与血脉，从报纸、广播到电视，每一次新传播媒介的出现都为文化的传播与发展提供了无限可能。新媒体是在新的技术支撑体系下出现的媒体形态，在数字技术和网络技术的基础

之上延伸出了多种媒体形式，它使人们仅花费低廉的成本便可以收获巨量的信息，消解了传统媒体之间、国家与国家之间、信息发送者与接收者之间的边界。在新媒体日益发展的今天，文化的传播路径和形式也发生了巨大的变化，如何更好地传播和弘扬中华民族文化、吸收世界先进文化并为文化间沟通与交流搭建更为便利的平台，使新媒体在文化传播与构建中起到积极的推动作用，是人们的共同目标和理想追求。①

大众媒介在族群集体记忆的建构中日渐趋于核心地位。而新媒体技术、数字化技术的突飞猛进也给族群的记忆结构、集体记忆传播带来了技术性的变革，可能会引发族群集体记忆的"数字化遗忘"和"记忆碎片化"。在这一背景下，新媒体时期代的集体记忆危机越来越受到人们的重视。

新媒体作为一种数字化、可移动、超文本的传播方式，促使"自产自销"的受众形成新的记忆文化，有可能会引发"数字化遗忘"。电子媒介的储存和影像再现功能使得民族成员即使不参加族群的节庆活动，也可以很容易地重温精彩的节日活动实景，这样势必会加大人类社会遗忘原本该留存并加以珍视的东西的可能性，比如节庆时候的特殊仪式、民族图腾以及其中所流露出的精神信仰等。节庆文化的集体记忆越来越依赖于外部的"符号储存系统"，而对于族群自传性回忆和身体记忆的依赖性则越来越小。② 在我们与当地人交谈的过程中，有人说：

---

① 程亮、颜复萍：《新媒体时代传统文化的传播特征与对策探究》，《中华文化论坛》，2010年第4期。
② 赵将、翟光勇：《文化集体记忆载体与变迁：自一个节庆分析》，《重庆社会科学》，2017年第2期。

> 因为现在有光碟嘛，如果没看到开幕式和火把节的具体内容，我可以买一份光碟看。以前没有媒体的时候，每个人都很珍惜这一年只有一次的节日，过的时候也很隆重，大家在一起热热闹闹的。但是现在大家可能是过来找同伴玩的，而不是来看这些节目、过节日了。

传播手段的现代化发展造就了更加逼真的效果，同时也从某种程度上带来了一种更大的虚幻。传媒时代多元化、多角度的呈现方式让人们充分了解了彝族节庆文化的绚丽多彩，拥有了独特的、深刻的民族记忆。但在网络传播的过程中，彝族文化的精髓会在无形中被误会甚至消解，最后难免沦为机械时代的复制作品，成为一种"象征性的符号文化"，使得原本内涵丰富的火把节文化变得"荧屏化"和"脸谱化"。一名中学教师在接受访谈时说道：

> 来拍摄的记者更喜欢拍那种好看的镜头，他们喜欢记录那些漂亮的、精彩的素材，这些内容播出去之后在形式上就像那些综艺频道里的节目一样，更多的是让人看到火把节的"盛况"，更注重渲染火把节的这种激情和节日气氛。

此外，"超媒体"的多元性、交互性、平等性和即时性特点带人们走进了"大众书写"的时代，"去中心化"的话语结构颠覆了传统记忆中的权力结构。大众书写的碎片化、快餐化和娱乐化特点，使得民族节庆文化的记忆愈发容易在不断的生产与消费间消融。这是传媒时代集体记忆的"碎片化"危机，也是人们必须要思考和解决的重要课题。

(二)族群流散中的集体记忆

无论世界格局如何流变,全球产品、资本和人口的流动进程都在持续,不同民族和文化间的碰撞、交流甚至冲突成为不可避免的现象。随着时代的发展,流散的含义逐渐趋于中性化,开始指代较大范围内种族或族群的迁徙、流动和移居现象,以及由此产生的与当地居民在社会、经济和文化交流中的适应、冲突和融合等问题。

集体记忆作为人类社会的产物,与人类社会的发展程度密切相关。由于传统的社会生产力相对落后、经济发展缓慢、信息流畅性滞后,人们大多依附于土地进行生产生活。传统农耕社会的人员流动性不强、社会人员结构相对完整,有助于集体记忆的唤醒和保存。

王明珂强调,离散族裔的历史失忆与认同变迁通常发生在移民情境之中。在新的发展时期,由于传播方式的便捷以及市场经济的发展,越来越多的彝族民众被卷入城市中进行务工。外出务工的机会让彝族人民接触了外界的文化,有利于增加彝族民众的经济收入,但也在某种程度上造成了火把节期间"族群流散"的现象,无形中影响了彝族人民传统的过节方式。火把节的庆祝时间通常情况下难以与节假日相重合,许多外出务工的人员因此失去了回家过节的机会。在访谈中,当地老百姓说道:

> 他们在外面打工的,大部分都是三四月份去,九十月份回来嘛,但是火把节正好在六月,他们大多数在火把节的时候都回不来,有的就不回来了,不过火把节了。他们对火把节有些淡忘了那种,慢慢地就不怎么重视了。
>
> 比如去年过火把节的时候,有很多人就没有回来,因为外地的老板有的不知道火把节。如果工程没做完的话,他们就不放人

回来，去年我大哥也没有回来。我嫂子带着两个孩子和我们家一起过的节。

同时，因为彝族民众教育观念的改善，青少年受教育的机会显著增加，越来越多的彝族青年开始离开家乡，到外地去接受高等教育。这两类群体的离散程度较高，分布相对分散，在火把节期间，他们成了流散在异乡的彝族人。对此，也有人说道：

> 因为每年火把节的时候我们彝族人的家里都会有祭祖活动，一般来说，家庭成员都要参加。但实际上彝族小孩到外面读书，肯定不能为了火把节专门回来，这种祭祖、祭祀活动只能借用他最近穿的衣服来替代。

在大批人员分散甚至流失的背景下，如何在彝族民众中间举办民族节庆活动，唤醒他们共同的历史意识和集体记忆，成为一个不容忽视的现实问题。

第三节　消解的记忆考辨与影响

集体记忆作为一种文化遗产，其传承需要特定的文化载体。而记忆方式和记忆载体的变化对记录功能会产生本质上的影响。本书通过历时性地考察彝族火把节的口头传统、书面传统、影像记录等传播载体和呈现形式,来透视民族节庆文化集体记忆的承载发展与嬗变。

(一)口头传统与记忆

媒介环境学派通过四个特征鲜明的传播时代来构想历史,它们分别是口语时代、书写时代、印刷时代和电子时代。口头传统的涵义鲜活而富有张力,具有灵活性的特征。哈罗德·伊尼斯认为,传播媒介往往会在文明过程中产生倚重偏向,这种偏向或有利于时间观念,或有利于空间观念。而口头传统达到了时间偏向和空间偏向的理想境界。在利用民族主义方面,口语提供了一个新的基础。它可以对更多的人发生作用,是一种更为有效的工具,文盲状况不再成为严重的障碍。

听诵活动是民族记忆、文化传统和地方性知识得以积淀、传播和流通的一种方式,从这个意义上来看,山民的生活方式又起到了一种类似于社会黏合剂的作用。因而,彝族本土社会可谓一个面对面的"口头文本社区",民众之间始终怀有一种默契、一种交流,这种默契和交流以一些地方性知识、民间智慧和对村落的某种公共事务的共同关注为前提,构成了人与人之间基本的社会互动。①

口头传统强调的是记忆和训练。记忆术对于口头传统的传播而言是必不可少的。传统社会节庆集体记忆的传播主要依靠口头叙述和面对面的人际交流。口语传播使得集体记忆代代相传,言语的习俗则构成了集体记忆最基本、最稳定的框架。千百年来,彝族的历史总是以口头叙述的方式流传,火把节的传说也不例外。在日常生活中,彝族民众通过面对面的人际交流可以了解火把节的历史渊源和相关的神话故事,也可以在世代口述中沿袭火把节的传统仪式和节日内涵。而在重大庆典时刻,人们共同走向火把场,这种集聚让更大范围的人际传

---

① 巴莫曲布嫫:《口头传统与书写传统》,《读书》,2003 年第 10 期。

播和群体传播成为可能。彝族民众亲身参与节日的经历成为彝族个体的"自传记忆",加强了参与者之间的纽带联系。蓝天白云下,彝族的青年女子跳着优美的舞蹈;年轻的男子或在摔跤场上展示身手,或在马背上飞速驰骋;富有才艺的彝族人在场上展示高亢的阿都高腔;村里德高望重的老人则通过"吟诵"的方式讲述着古老彝族的社会发展和历史变迁。通过火把节的集聚,彝族群体成员的集体记忆被间接激发出来。一方面,人们在一起分享信息、沟通情感,获得身体和心灵的愉悦;另一方面,通过既定的纪念仪式和庆祝活动,把彝族的文化观念、火把节的文化记忆传递给每一位彝族群众。如此,年复一年的"仪式重演"对于塑造社群记忆具有极其重要的作用。口语传播的便利性对民族集体记忆来说是天然的优势,但口语记忆的天生缺陷极易在人际传播过程中造成民族文化的"结构性失忆",在经意或不经意间使节庆文化的集体记忆产生"部分流失"。在访谈中,当地人说道:

> 其实,火把节最初的内涵,只有那些比较老的人才知道嘛。现在很少有年轻人知道这些了,他们不清楚火把节的来源、这些仪式有什么作用、它到底意味着什么,也就越来越不知道这个火把节是为什么过的,只知道点火把、杀鸡、吃鸡肉这些嘛,慢慢地,节日也就越来越不隆重了。
>
> 我们现在因为要读书,有时候不在家里,特别是在火把节的传统知识这些方面不会花太多的时间。因为父母没跟我说,我也就不知道火把节的来龙去脉。现在我们都大了,只知道去"耍"。像我们这样的,对火把节的了解就很少了。

因此,书面传播因其文本性和永久储存性,成为集体记忆的另一种方式。

(二) 书面传统与记忆

从文化传播与社会交流的方式来看，经籍文本的接受并不是由个体的阅读活动而是集体的听诵活动构成的，并且在林林总总的宗教仪式与民间生活仪礼中得以完成。彝文经籍作为一种特定的书写文化不同于一般意义上的书面文本，后者由于书籍的出版和普及，以物质形式传播而诉诸读者的视觉。在阅读活动中，文本生成意义，在彝文经籍文本的传播中，民众作为接受者只能通过仪式活动听诵、听解作品，而非诉诸视觉。书写文本的口头唱述是语言审美的另一种存在形式，文本在音声的传达中获得新的生命。

文字的出现使得记载和储存成为可能，是人类传播史上迈出的重要一步。德国学者扬·阿斯曼提出，文字是被作为存储的媒介物而非交流的媒介物发明出来的。彝族是中华民族中为数不多的既有民族语言、又有民族文字的少数民族之一。彝族的文字是古彝文，又叫毕摩文，主要是由彝族的仪式祭司——毕摩传承的。毕摩是一种专门职业和身份符号，这种身份是世袭的。在访谈中，当地人这样说道：

> 现在我们这里会写彝族文字的越来越少了。我们彝族的法师叫做"毕摩"，他们全部会写、会看。这是一种很好的传承我们彝族文化的方式。

普通彝族民众认识的彝文相对较少，因此，毕摩相当于彝族人中的"高级知识分子"。借助传统仪式和文字传播，民族的文化记忆再次被激起和唤醒，书写文明作为一种"流动的文本"又重新获得了生命。美国学者保罗·康纳顿指出，从口头文化到书面文化的过渡，是从体化实践到刻写实践的过渡。用文字传递的任何记述，都可以被不可改变地固定下来，这种固定性给文化创新带来了动力，也因此陆续涌现出一系列与此相关的文化活动。

2014年，四川普格县火文化研究会会长毛小兵出版了个人诗歌集《火把节的火把》，一众诗歌评论家与自由撰稿人为其作序，纷纷表示鼓励与赞扬：

> 真正的诗人是以诗歌作为生命节奏的，听到毛小兵在朗读他的诗时，我忽然觉得此人的血液里有火，正如我所见的火把场上当火把燃起时，我看见火光中的血色元素。毛小兵的诗性中的抒情成色极浓，这其中的血性，直逼听者的耳根；你会感到一股热流在涌动。读着毛小兵的诗句仿佛看到了洛乌乡的火源，它们正被传递……传递中的火把变幻出各式各态。
>
> 彝人的传说历经沧桑，历久弥新。惟有这个民族的子民，他们坚守着民族气节，以自己祖先的六支迁徙的传说为骄傲，一代代守望着神性的山脉。在他们身上，你确认了关于虎、关于鹰、关于火把的那种构成大凉山的硬朗能量！
>
> 日都迪散，水草丰茂，牛羊成群；彝人世世代代在那里安身立命。通过毛小兵的描绘，至少吸引我有了强烈的向往，而事实确如诗人所叙，那里真的是"远方迷蒙山峦凹地"！那里真的"仿佛穿越生命时空"！或进入古老的记忆，或展望每日一新的"多彩斑斓"之夜空。①

---

① 阿索拉毅：《彝诗馆系列丛书：毛小兵〈火把节的火把〉》，彝诗馆彝族人网，2015—02—04.

中国彝族现代诗歌资料馆与普格县火文化研究会发起面向全国的"火把杯"火把文化体裁原创彝汉双语诗歌和论文大赛征稿赛事,其中,诗歌体裁以新诗、散文诗、传统诗词为主。本次大赛主要以大西南地区的火把文化为题材,旨在充分展示神灵性与原生态,主张内容丰富而多元,其中不乏原始古朴、清新自然、灵光闪现、直抒胸臆的精美作品。届时将由全国知名专家学者、作家诗人组成的评委会评出诗歌和学术论文作品一等奖、二等奖、三等奖、优秀奖等若干名,所有入选入围作品最终将以专辑形式推出,并结合全国彝族文化相关活动,或火把节之乡——普格民族民间火把节的相关交流研讨日程举行本次大赛的专辑发行仪式和颁奖仪式。

从古彝文的记载到当代关于火把节诗歌、文学作品的集结出版,以及各类文学活动的举办,这一系列活动均表明,书写文明的记录和表意功能对节庆文化的记忆产生了重要影响:书写文化使得记忆突破了时间和空间的限制,记忆作为一种符号表征实现了"自由流通"。从时间上看,关于火把节的集体记忆的保存和传播得到了某种程度上的延长;从空间上看,则把民族记忆和文化向外拓展,实现了跨文化、跨族群、跨部落的传播。

(三)影像记录与记忆

在电子媒介时代,技术革新使得真实记录和电子保存成为可能。图片和视频资料不仅可以对历史文化、传统仪式、庆祝活动进行写实和客观记录,其本身承载的信息还可以被"二次再现"。

在谈及新兴媒介、图像符号对记忆方式所造成的改变时,德国历史学家约恩·吕森认为,在公共文化场景中,集体记忆已经被大量的活动影像及其图片资料覆盖,结果是那些由文字记载而产生的意识形式——首先是那些保持距离的理性的意识形态可能会很快失去作用。

借助影像资料，族群关于过去的历史回忆再次被唤醒，使得每个民族个体都能形成自身对于族群的集体认同。这是一种新的叙事策略，民族成员在直观生动的影视再现中建构过去和集体记忆。

摄影技术是视角本位的传播。在火把节期间，摄影爱好者齐聚彝族聚居区，用镜头记录下各种精彩赛事和精彩瞬间。国际火把节之际还会举办摄影采风活动和摄影展，以展示魅力凉山与彝族风情，涌现出一大批优秀的摄影作品。其中既有选美冠军、民众点燃火把的照片，又有"朵洛荷"舞蹈、赛马、摔跤比赛、人们围着篝火跳达体舞的视频。这种具有现实主义记叙风格的作品，以其独特的形式满足了受众对节庆活动的欣赏与感知。

2007年8月，第五届凉山彝族国际火把节在西昌举行，时值第二届凉山民族文化艺术节及建州55周年，中央电视台《探索与发现》栏目组走进凉山，拍摄火把节专题纪录片《彝寨狂欢：凉山彝族自治州火把节》。在彝族人民的心目中，火是工具，是历法，是武器，也是图腾。毛小兵先生主创的光影作品《寻找取火人》《火舞者》先后在中央电视台、四川电视台、四川广播电视台及凉山电视台播出。纪录片对真实场景进行了模拟和深层意义的传递，它根据民俗专家的口述、故事现场的重新建构、节庆文化的史料搜集与整理，将历史传说转变为公共历史事件，让族群成员达成文化共识，并唤起了族群的集体记忆。

2014年5月，中国首部彝族神话电影《支格阿鲁》在中央电视台电影频道播出。支格阿鲁是彝族公认的英雄祖先，千百年来，关于他的神话传说一直以口头和文字的方式流传在川、滇、黔、贵、渝等彝族聚居地。电影由彝族年轻导演贾萨杨万执导，以人性化的视角讲述了青年支格阿鲁为拯救民众，骑着飞马一路斩妖除魔、为民除害、保护彝族部落的故事。电影的故事情节取自彝族创世史诗《勒俄特依》，

"勒俄特依"系彝语音译,意为"传说历史书"。作品异文很多,长短不一,除口头流传外,民间还有不少彝族手抄本。

《支格阿鲁》一片利用虚拟手段、动画情节和大量特效,让逝去的历史故事和神话传说得以再现。无论是服装、化妆还是道具,都保持了原汁原味的彝族风格特色,完整讲述了火把节的英雄史诗传说。该影片先后参加了西班牙、葡萄牙等国家的影展,并在第四届北京国际电影节上获评"民族电影展优秀展映影片"。

(四)博物馆与记忆

博物馆是人类征集、收藏、陈列、展示历史物件和人类文化遗产的实体性场所,"物性"是博物馆的特征。博物馆根据时间顺序或类别属性将象征民族传统的"物件"摆放在不同位置,并附以文字、音频、视频解说,借助物品形成一个可以被实现、被理解以及可传递的认知空间,使参观博物馆的人们能够体会遇见历史、保存记忆、对抗遗忘的快乐。这些残存的民族历史碎片既直观地展示了民族的灿烂文化和历史谱系,也通过"博物馆叙事"的方式串联起了民族文化的部分记忆。

过去的世界无法还原,而文化记忆却可以通过博物馆得以重建。伊丽莎白·亚克尔认为,现存的记忆实际上是文化工作者建构的。在一项关于博物馆传播与集体记忆的研究中她指出,博物馆展览正在成为一种新的交流和传播类型,搜集到的东西、呈现的故事和传递给公众的方式能够保留或者遗忘人类的某一部分文化,帮助大家形成记忆,并且决定了什么是历史性的文化象征。而在全球范围内,博物馆作为群体生活秩序的认知空间,起到了规范有用知识和构筑具有民族国家群体意义的集体身份的作用。①

凉山彝族奴隶社会博物馆位于西昌市东南郊的泸山北坡,是中国民族学专题博物馆,于1985年8月4日建成开放。这是我国第一个民族博物馆,也是世界唯一反映奴隶社会形态的专题博物馆。博物馆占地45亩,总建筑面积5000平方米,广场上建有大型雕塑,名为"凉山之鹰"。博物馆陈列厅面积约1000平方米,设有8个陈列序厅,分别为"社会生产力""等级、阶级""家支习惯""宗教信仰、婚姻家庭、文学艺术""风俗习惯""奴隶和劳动群众对奴隶制的斗争""民居院"和"国家领导人和外国学者观赏后所留下的墨迹"。其中,"风俗习惯"和"宗教信仰、婚姻家庭、文学艺术"两个陈列序厅对彝族火把节的节庆文化均有所展示。整个博物馆是免费开放的,它集知识性、趣味性和教育性于一体,有利于帮助彝族民众在参观博物馆的过程中熟悉本民族历史,重唤其关于节庆文化的集体记忆。在此基础上,凉山州政府还可以利用融媒时代的数字化工具和电子媒介建立数字化博物馆。这种网络化的博物馆集声音、图片、文字、视频于一体,有利于全方位地展现文物所承载的历史文化。这样的展览方式既符合新时代受众获取信息的习惯与潮流,也有利于传播彝族火把节的典型文化,加深和巩固族群的集体记忆。

---

① 周海燕:《媒介与集体记忆研究:检讨与反思》,《新闻与传播》,2014年第9期。

第五章

凉山彝族火把节的反思与构建

第一节　凉山彝族火把节的现代反思与回归思考

要通过火把节相关活动打造凉山彝族的特色旅游产业,就要提升游客的体验质量,提升游客体验质量对于改善目前众多民族节事旅游经济效益低下、重游率不高的现状起着至关重要的作用。旅游体验质量是指游客在旅游客源地与旅游目的地的地理文化背景时空转换中所形成的旅游体验内容综合体。旅游体验质量的高低与游客的心理感知密切相关,旅游集带动地方经济、重塑民族生境、保护民族文化多样性、发扬社会主义核心价值等重任于一身,受旅游者的行为层次,感知环境深度,以及旅游目的地自然、经济、文化与环境等因素的共同影响与制约。提升旅游体验质量,满足游客的旅游需求,可以从以下几方面着手。

一、继续深入挖掘民族节日文化内涵

朱文旭教授在《关于彝族火把节若干问题的探讨》一文中指出,火把节是彝族传统文化事象之一,它源于对火的崇拜。他又指出,有些深层次的民族文化事象并不像一般人所想的那么简单,而是经历了千百年来历史和文化的积淀,要摸清其内在本质和象征意义,须得费一番工夫,火把节也不例外。朱文旭教授在研究火把节时曾将自己的心得写成一首诗:

> 万古蛮荒黯昼夕，
> 千秋火把铸传奇。
> 揄扬黑白分天地，
> 遍洒明光五彩曦。①

凉山州委书记林书成在全州宣传思想政治工作会上强调：凉山要打造世界彝族文化中心，要抓紧规划建设好大凉山彝族文化生态保护实验区。但目前梳理、提炼彝族文化资源的工作进展缓慢，部分彝族文化资源濒临流失或自生自灭的尴尬处境。

深入挖掘火把节的节日内涵，首先，要加强火把节文化的保护和传承。实施非物质文化遗产项目代表性传承人抢救性记录工程，加大对代表性传承人抢救性保护力度，给予他们生活或者社会权益方面的政策帮助。加快征集珍贵的节日文物，对与火把节相关的民族传统经典、文学作品、服饰文化及歌舞文化等非物质文化遗产进行重点抢救和保护。加强濒危文化资源数字化建设，利用数字技术和新媒体技术将传统节日文化遗产记录下来，提炼出节日中的积极文化理念，并以多种方式向大众传播。其次，要充分调动社会各界对火把节的内涵、文化符号系统等进行深层次的调查、梳理和提炼。最后，地方政府的文化部门、统战部门、文化类学术团体、高校学者等要加强对火把节现状的调查与对策研究。全面了解和把握传统节俗在当代的演变和发展状况，找出制约火把节文化发展的瓶颈。在"专、精、特、新"方面下足工夫，挖掘火把节的节日内涵，找出其中的亮点，从而打造有

---

① 朱文旭、李智雄：《关于彝族火把节若干问题的探讨》，《中南民族学院学报》（哲学社会科学版），1999年第1期。

特色、有质感的彝族文化品牌。①

(二) 要重建火把节文化符号体系

每个民族都有属于自己的完整的符号和结构体系。传统节日符号是将传统节日抽象为符号系统,它是个别与一般的结合,兼具个体性与普遍性。一个少数民族最重要的传统节日可以成为本族群节日符号的代表。符号是传承文化的重要载体,"任何一种文化都是透过点点滴滴的符号表达构建起一个完整的文化框架,失去了文化符号,文化内涵就只是一纸空谈"②。

火把节是彝族传统文化中最具标志性的象征符号之一,也是彝族传统音乐、舞蹈、诗歌、饮食、服饰、农耕、天文、宗教信仰等文化要素的载体。近年来,火把节文化及所包含的象征符号因为旅游开发和旅游者的进入发生了变化和整合。能否处理好"符号与仪式""传承与重建"等问题是当下弘扬火把节文化的关键所在。

火把节的"象征"和"符号"与彝族的社会结构是融为一体的。相关部门应注重传统民族文化符号的保存,建设有历史记忆、地域风貌、民族特点的民族博物馆、民俗馆、民族特色小镇等,为文化符号体系寻找牢靠的物质载体。要通过现代视角来诠释、解读以及重新突出原有价值的方式进行民族文化符号的价值重建,以彰显民族文化符号的重要性,唤起众人对民族文化符号的参与和保护意识。当地政府和民族文化学者还应就"火把节应以怎样的符号仪式吸引公众广泛参与""火把节符号与仪式的传承与重建""火把节节日符号与仪式如何

---

① 赵将、翟光勇:《少数民族节日文化认同的现状与提升路径选择——基于凉山彝族火把节的实证研究》,《怀化学院学报》,2017年第12期。
② 戴杰、普凌霄、孙雪瑶:《玉溪米线节的文化内涵与社会功能》,《语文学刊》,2013年第1期。

充实内涵和创新形式"等议题进行更加深入的思考，重建传统节日文化符号体系。

（三）加强彝族民众自身的文化自觉

文化自觉是指生活在一定文化中的人对其自身所属的文化有"自知之明"，明白它的来历、形成过程、所具有的特色和未来可能的发展趋向。培养少数民族文化自觉、形成认同民族文化的良好氛围是做好民族文化传承工作的关键。只有在对民族文化怀有充分认同的基础上形成认识共同体，把握其文化精神内涵与魅力，才会产生自觉的文化追求。要提高彝族民众对火把节文化的认同意识，培育民众的文化自觉和文化自信，广大彝族民众要深刻理解并积极认同本民族的文化。加大文化传承人培养力度，培养青少年的文化自觉意识。民族地区学校可以使用彝族语言、文字等传播火把节的相关文化知识，把火把节的文化内容引进日常教学和生活中，培养学生对本民族文化的兴趣和感知力。彝族文化工作者要根据广大彝族民众的知识水平和认知需求，创作群众喜闻乐见的思想性、艺术性、观赏性相统一的优秀文化作品。地方政府要在彝族群众与外界之间建立有效的交换机制，充分挖掘生产性保护潜力，把具有鲜明特色的火把节文化经过适当包装后向外界推出。如此，一方面，能为当地彝族民众带来一定的经济效益，让他们在生活水平有所提高的同时感受自身文化的魅力与价值，进而萌发创新发展民族文化的欲望；另一方面，外界的关注也能增强彝族群众对本民族文化的自信心和自豪感，唤起他们对本民族文化的认同，使其成为促进民族文化传承的真正内在动力。

（四）尊重广大彝族民众的节日文化主体地位

文化是人类社会活动的产物。火把节是农耕文化的产物，其参与主体主要是农业文化背景下的广大彝族民众。如今，火把节的传承主体与旧时代相比已发生了很大变化。我们在调查中发现，在国际火把节期间，由于交通和城市基础设施的压力，大多彝族民众都在山上的家中。本该成为火把节活动主体的人反而成为本民族节日的看客、旁观者和"他者"。我国著名民俗学家、民间文艺学家乌丙安认为，在节日民俗的保护和传承中，民众的文化主体地位不容动摇。要警惕片面利用节日文化空间和平台无限制地推行节日市场的商业垄断行为，避免使精神文化节日演变为纯物质消费节日，从而忽视节日文化的社会效益和广大民众的精神追求。

因此，无论是在乡村还是城市，都要尊重彝族在火把节文化中的主体性地位，彝族群众的原真性角色一定不能缺失。政府要权衡好保护节日与发展经济之间的关系，掌握好民族节庆旅游中工具理性和价值理性的均衡度，要尊重少数民族的传统，保护其中的历史、精神文化和节日内涵。节庆期间，要广泛动员彝族群众积极参与本民族节日，在保证广大彝族民众继续热情参与的同时，可以了解外来游客的节庆文化需求，设计、组织不同的节庆文化活动，增强火把节的亲和力和感召力，吸引外来族群和游客的积极参与。

（五）加大火把节的宣传力度

《国务院关于印发"十三五"促进民族地区和人口较少民族发展规划的通知》中强调：加强少数民族优秀传统文化保护传承。重点抢救和保护少数民族传统经典、民间文学、音乐、舞蹈、美术、技艺、医药等非物质文化遗产。实施重点文物保护工程，提升民族文物展示水平。加强少数民族非物质文化遗产集聚区整体性保护，支持民族地区设立文化生态保护实验区。积极开展少数民族非物质文化遗产生产性保护，命名一批国家级少数民族非物质文化遗产生产性保护示范基地。

加大对少数民族非物质文化遗产濒危项目代表性传承人抢救性保护力度。支持少数民族文化申报世界文化遗产名录。加快民族文化产业发展。推动具有竞争潜力的少数民族文化资源进入国内国际市场，形成一定规模的民族特色文化产业。鼓励民族地区依托保护文化遗产发展旅游及相关产业，建设一批民族特色文化产业基地。支持举办民族特色节庆活动，打造特色民族文化活动品牌。推进特色文化产业发展工程、丝绸之路文化产业带、少数民族文化产业走廊等重大文化产业项目建设。

政府应加大对民族节日文化的宣传力度，支持彝族优秀传统文化传播平台建设，不断创新节庆文化的内容和载体。充分发挥现代传媒传播速度快、传播范围广、承载信息量大、对受众影响力强、传播方式"异地同时"的优势，综合运用现代传媒技术，使古老的传统节日由小家庭的团聚延伸到民族大家庭的相融共乐。新闻媒体可以在民族节日期间开设专题、专栏，通过新闻报道、专家访谈、言论评论等多种多样的形式，全方位地宣传民族节日的文化内涵。文化部门和文艺工作者要充分利用彝族的民间故事、神话传说、民族史诗、音乐舞蹈等文化资源，创作优秀民族文化题材的广播影视节目。

第二节　凉山彝族火把节记忆重构

文化记忆理论的奠基人扬·阿斯曼认为，文化记忆的研究内容主要包括传承、解释和实践等，当我们不愿去忘记一些事情时，就需要人为地制造条件来帮助我们进行记忆，这些辅助条件被称为"记忆场"，记忆场实际为蕴藏历史与激活记忆的载体。基于凉山彝族传统民俗文化记忆的消解现状，本文从以下"记忆场"的角度出发，对凉山彝族火把节及其所代表的凉山彝族传统民俗文化记忆进行重构。

（一）借助火把节核心效应，推动凉山彝族传统民俗文化回归

在现代化发展的背景下，凉山彝族传统民俗文化的发展应更加注重对核心文化的彰显，以核心文化带动传统民俗文化整体需求的回归。对于凉山彝族来说，火把节是其民族文化的重要象征，同时蕴含丰富的彝族传统文化因子，在对凉山彝族传统民俗文化记忆进行重构的过程中，可借助火把节的核心效应，推动凉山彝族传统民俗文化回归。

火把节传达了凉山彝族传统民俗文化中一个极为重要的诉求，要推动凉山彝族传统民俗文化回归，需要进一步提高对火把节的重视程度。

对此，从根本上看，应为火把节提供充分的生存空间。火把节中包含凉山彝族大量的民间传统活动，该节日的存在和发展能保障凉山彝族传统民俗文化通过民俗渠道得到持续的生存与发展，随着凉山彝族传统文化的整体延续而延续。凉山彝族自治州应积极支持凉山彝族火把节活动，为其提供活动场所和安全保障，确保火把节能够在凉山彝族民众中持续传承和发扬下去。

此外，还应促进火把节的对外传播。火文化是凉山彝族传统民俗文化的重要内核和代表，凉山彝族地区在对现代文化加以引入的过程中，应加强对其传统的传承与理解，这种对凉山彝族传统核心文化的传播与彰显，能够促使凉山彝族民族在受到外来文化冲击的过程中，对自身的传统民俗文化形成理性思考，进而带动其传统民俗文化的回归。

（二）根据不同的层次需求，充分发掘和保护凉山彝族传统民俗文化

对于我国民族文化而言，凉山彝族传统民俗文化是一种瑰宝性的存在。在现代社会发展过程中，我国很多民族文化都在不断地变迁和发展，不管是文化内在还是外延方面，均发生了很大的变化。对优秀民族传统文化进行传承与保护，是当前我们所肩负的重要责任。基于凉山彝族传统民俗文化正在逐渐消解的事实，对其充分加以发掘和保护是重构凉山彝族传统民俗文化记忆的重要措施。这一重构思路在其他传统文化记忆中的重构中也有应用，且取得了较好的效果。如在达州，有一种国家级非物质文化遗产，名为"川东土家族薅草锣鼓"，俗称"打闹歌"，是一种独特的民族民歌艺术形式。后来，其逐渐演变成为一种劳动山歌，被称为土家族人的"劳动进行曲"，现在流传于四川省唯一的土家族聚集地——达州宣汉县。当地根据发掘与保护对象、力量、方法和目的等不同层次的需求，对土家族的这一传统文化进行了有效挖掘与保护，使川东土家族的民族民俗文化得到了较好的延续。

在对凉山彝族传统民俗文化进行发掘与保护的过程中，我们也应根据不同的层次需求采取不同的举措。

从发掘与保护的对象来看，应当对凉山彝族传统文化的相关史料记载、口头叙事及器物遗迹等一些具有不可再生性质的文化遗产予以抢救性发掘。在对以器物、遗迹为代表的凉山彝族传统民俗文化遗产加以发掘和重视的同时，也应对凉山彝族现有传统活动项目中以仪式与展演为主的身体记忆给予妥善保护。

从发掘与保护的力量来看，应对多方力量的综合作用进行发挥，除政府的主导作用和精英研究力量外，还应充分发挥媒体的宣传力量与民众的自发传承和保护力量，在对政府的指导规划作用加以重视的同时，对新兴媒体与社会精英在宣传和带动方面的效果予以充分利用，

最终让包括凉山彝族人在内的所有民众都能对凉山彝族传统民俗文化记忆重建给予自发性的响应。

从工作方式与方法来看，对凉山彝族传统民俗文化的发掘和保护，应以编写凉山彝族特有的民俗文化资料为主，使凉山彝族传统文化能够深刻地融入凉山彝族的历史记忆之中。

从发掘与保护的最终目的来看，应着重于凉山彝族传统民俗文化的展示与互动。在对凉山彝族传统民俗文化进行发掘和保护的过程中，可通过对凉山彝族传统民俗文化非遗展厅免费开放，建立凉山彝族传统民俗文化传习展示馆以及进行凉山彝族传统民俗活动项目民间文艺展演等方式，增强民众与凉山彝族传统民俗文化之间的互动，使民众能够与凉山彝族传统民俗文化实现"零距离接触"，从而实现发掘与保护凉山彝族传统民俗文化的最终目的。总体来看，根据不同层次的需求，增强当地凉山彝族人对传统民俗文化的保护意识，充分发掘和保护凉山彝族传统民俗文化，对于促进凉山彝族传统民俗文化的延续具有重要作用。

（三）结合本地学校文化教育，打造凉山彝族传统民俗文化重构摇篮

在社会文化的发展过程中，学校文化教育为其重要的基础与摇篮。对于凉山彝族的原始文化形态而言，要促进其持续传承和发展，也必须走规范化、科学化道路，充分利用学校文化教育对文化发展的整合、发展与传播作用。凉山彝族地区应结合本地的学校文化教育实际，打造凉山彝族传统民俗文化的重构摇篮。

学校文化教育的内容与形式多样，而凉山彝族传统民俗文化资源丰富多彩的特性，可以为学校文化教育提供新的教育资源，有利于帮助开发新的学校文化教育课程材料。在学校体育教育中，主要以合理的文化教育培养学生的文化素质和文化心理，为其整体人格的养成及

日后的成长奠定坚实的基础。在将凉山彝族传统民俗文化融入本地学校文化教育的过程中，可先对一些在凉山彝族地区传承度较高的传统民俗文化项目进行普及，然后再逐步将其他传统民俗文化项目或元素融入学校日常的文化教学中。

如创建"文化一角"，定时、定期地科普凉山彝族传统民俗文化的相关内容，促进其在学校中的宣传与普及；以凉山彝族传统民俗文化的相关知识作为竞赛内容，定期举办凉山彝族传统民俗文化竞赛，必要时还可联合多个学校举办趣味知识竞答联赛和邀请赛；将凉山彝族传统的摔跤、射箭、达体舞等活动纳入本地学校的体育选修课程，增强学生的身体素质，让学生在玩中学，在练中学。此外，还可以聘请相关专家开授讲座，让学生充分了解凉山彝族的传统民俗文化，增强学生参加凉山彝族传统民俗文化传播的积极性，促进凉山彝族传统民俗文化向社会逐步渗透和推广。在整个过程中，需注重因地制宜与因材施教，实现凉山彝族传统民俗文化项目在各地学校的广泛深入布局，促进凉山彝族传统民俗文化的传承与发展。

（四）依托全面健身运动，对凉山彝族传统民俗文化进行普及

当前，全民健身运动已然成为我国现代社会的重要要求和发展趋势。对于凉山彝族民众而言，彝族传统的体育活动内容与项目在该地区全民健身运动的推广和落实中具有独特优势。为了实现对凉山彝族传统民俗文化记忆的重构，可以积极依托全面健身运动，通过弘扬民族体育文化对凉山彝族传统民俗文化进行普及。

对于凉山州彝族人民而言，凉山彝族传统体育文化为其长期生活与生产实践的产物，与当地人民的生产生活紧密相关，是凉山彝族人民重要的体育娱乐形式。凉山彝族的传统体育项目具有内容丰富、趣味性、益智性等特点，契合全民健身运动的要求。相较于现代运动项

目来说，凉山彝族传统体育项目源于当地民间，群众基础较为广泛，且不受制于场地器材等，更容易被推广和普及。

以全面健身运动为依托对凉山彝族传统体育进行普及，不仅能够达到强身健体的目的，还能收到对凉山彝族传统体育文化进行宣传的效果。为此，凉山州体育局可建立民族体育健身组织网络系统，招募热爱凉山彝族传统体育的志愿者，开展凉山彝族传统体育指导与服务。在对彝族传统体育文化进行推广的过程中，除了要涉及健身技能及各种娱乐手段外，还应对这些项目中所蕴含的凉山彝族传统体育文化精髓进行宣传，使人们能够领会其中的深刻含义，从而自发地、有意识地对凉山彝族传统体育文化进行推广。同时，凉山州地区应坚持"以人为本"原则，制订合理的全民健身计划，做好群众健身场地与组织及监测工作，充分调动凉山州地区民众参与凉山彝族传统体育健身计划的积极性和主动性，推动凉山彝族传统体育文化的全面推广，使凉山彝族传统体育文化深入凉山人民的思想之中，从而促进凉山彝族传统体育文化的重构。

综上所述，彝族火把节传统民俗文化具有内容与形式多样等特点，同时还具有多元化的功能。随着时代的进步与社会的发展，凉山州彝族火把节也顺应时代进步，衍生出符合社会发展要求的全新的、特殊的功能。具体来说，其积极意义可以归纳为以下几个方面。

1. 有助于促进民族内部、民族之间的团结

2019年9月27日，在庆祝新中国成立70周年前夕，习近平总书记出席全国民族团结进步表彰大会并发表重要讲话。他深刻总结了新中国成立70年特别是党的十八大以来我国民族团结进步事业取得的辉煌成就和宝贵经验，全面分析了当前民族工作面临的形势，明确提出了新时代推动民族团结进步事业的总体要求和工作重点。这些重要内

容构成了一整套全面系统、有机统一的民族观。民族观与历史观、国家观、文化观息息相关，树立正确的民族观，对于国家发展、民族复兴具有十分重要的意义。总书记用"多元一体"这四个字概括民族观的深刻内涵，在讲话中反复强调。①

彝族火把节作为一种具有群众性和社会性且能够在公共场所进行的社会实践活动，可以在不同的社会群体互动的过程中帮助彝族群众进一步了解民族内部的社会形态、群体与意识的分布状态，同时也有利于构建本民族内部不同群体之间彼此认同、互相团结的和谐关系，有利于促进本民族文化的发展，通过节日的庆典向民族外部辐射本民族的文化影响力，从而达到与其他民族相互交流、取长补短的目的，在增进多重民族之间的相互了解的基础上，为形成中华民族多元一体的格局做出更大的贡献，这与当前的国家做好民族工作的政治方向是一致的。

2. 能够让人们在强身健体的同时娱乐身心、放松自我

凉山州彝族火把节的传统民俗文化活动历史悠久，是彝族人民在漫长的社会发展中形成、发展和继承而来的，具有较强的健身、休闲和娱乐功能。无论是哪一种形式的传统民俗文化活动，都具有浓郁的民族风情与地方特色，如赛马、达体舞等传统活动项目，既可以让人锻炼身体，增强自身体质，也能够帮助人们陶冶情操、娱乐身心、放松自我。随着社会经济的发展，人们的生活水平提高了一个层次，越来越注重生活品质方面的享受，彝族传统民俗文化活动与广场舞等百姓喜闻乐见的生活方式相结合，既带有少数民族独有的文化特质，又贴近普通人的日常生活，受到了广大人民群众的喜爱。

---

① 王子晖：《"多元一体"——习近平的民族观》，新华网，2019—09—29.

3. 有利于传承我国优秀的非物质文化遗产

火把节是我国民族传统文化的象征，在火把节期间举行的许多竞技比赛、歌舞活动等体现出鲜明的民族文化特点，如打磨秋、打陀螺、爬油杆等是与社会历史相联系的彝族传统文化活动的代表。人们准备、表演、宣传的过程其实就是传统文化传承与发展的过程。摔跤、斗牛、阿细跳月等活动风格独特，具有十分重要的教育意义。开展这些民族传统体育活动不但能够促进民族共同体的完备，还能使民族传统文化朝着完整、系统、创造性的方向发展。从文化传承的角度来讲，火把节将现实生活与传统文化相结合，在结合的过程中实现了文化的传承与发展。凉山州彝族火把节是一种极其珍贵的文化资源，对凉山州旅游业的发展以及火把节的传承与保护作用都是不可估量的。火把节是一个全民参与的节日，必须要充分挖掘火把节的内涵并且不断为其注入新鲜的元素，并对一些活动项目加以创新与改革，只有这样，才能保证其可以一年又一年地传承下去。

4. 有助于进一步健全我国体育教育体系

体育事业的发展应该体现出民族性，这是保证我国体育事业朝着社会主义方向发展的关键所在。我国现有的体育教育体系中鲜有民族性的体育项目，这种比例上的严重失衡十分不利于我国的体育民族性发展，也不利于高素质体育人才的培养。民俗体育活动是凉山州彝族火把节中所不可缺少的，将彝族火把节中的传统体育项目纳入教育体系，能够有效解决教学资源方面的问题，实现资源的优化配置，帮助个人充分展现自身的体力、体魄、气质与胆量，还能够进一步促进体育教育体系的完善，推动体育教育事业的健康发展。因此在未来，应该将民族传统体育项目作为我国体育事业发展的重点。

5. 有助于增加当地的经济效益

近年来，凉山州彝族每年都会举办许多节庆活动，而节庆活动带来的经济效益是不可估量的。随着旅游业的迅猛发展，旅游成为越来越多的老百姓日益丰富的精神文化生活中不可或缺的一部分。凉山彝族火把节以独特的民族风情和艺术魅力吸引了不少中外游人和客商，扩大了火把节的知名度和影响力，使火把节成为整个凉山州的重要资源。

2019年8月8日，《四川日报》刊发《燃情狂欢、活态传承、文旅融合　凉山火把节"吸睛"也"吸金"》一文，报道了凉山火把节的具体情况：据不完全统计，7月26日至31日，火把节假日期间，凉山州共接待游客390.69万人次，同比增长3％。其中一日游游客304.45万人次，同比增长1.75％；过夜游客86.24万人次，同比增长7.65％；旅游收入18.87亿元，同比增长23.01％。

我国民族旅游业快速发展于民族地区社会转型的历史时期，以旅游市场经济繁荣为表征的现象背后，隐藏了更深层次的社会生活与文化结构变迁。政府、游客、社区居民和外来投资者以旅游业为纽带形成了全新的旅游空间关系格局。在旅游空间的形成过程中，空间内的行为主体在交往过程中改变了原来的生产生活方式，民族旅游的快速发展不断打破原有相对封闭的社会空间，民族文化则以不断"再生产"的方式完成自我更新与超越。

当前，凉山将文化旅游产业提升至发展国民经济的首位产业、转型升级的优势产业、生态文明的先导产业、全面小康的民生产业，大力实施"全域旅游"战略，着力实现全区域规划、全景式打造、全方位提升，加快推进文化旅游产业融合发展，全力打造"大凉山"生态文化旅游品牌，力争加快建成国家级旅游业改革创新先行区、国家旅游扶贫示范区和国际阳光康养休闲度假旅游目的地。

归根结底,彝族火把节来自民间,应该服务于民间,最终回归民间。政府主导模式符合我国目前的实际情况,但政府主导不等于政府包办,也更加无法取代民众在文化发展过程中所发挥的作用。因此,未来火把节在活动内容和组织形式上应首先满足当地居民的需要,包括情感需要、文化认同需要和心理归属需要。一旦离开其赖以生存的土壤,缺失了文化记忆,传统节日将逐渐萎缩,直至枯萎。

附录一　火把节满意度调查问卷

尊敬的游客，您好：

本问卷旨在对彝族火把节庆祝活动的游客满意度进行调查，您的回答对我们的研究具有重要的参考意义和价值。问卷填写结果仅供学术使用，不会对外公开，请根据本人的真实意愿和实际情况作答。感谢您的宝贵时间。

1. 您来自____省____市；
2. 您的年龄____；
3. 您的职业____；
4. 和您一起出游的一共____人；
5. 您是第____次来凉山州旅行；
6. 您是第____次参加火把节活动；

表1　影响满意度的评价要素

序号	影响要素	满意程度
		·很不满意　·不满意　·一般　·满意　·非常满意
1	节日气氛	
2	活动内容	
3	住宿环境	
4	风土人情	

续表1

序号	影响要素	满意程度
		• 很不满意 • 不满意 • 一般 • 满意 • 非常满意
5	特色餐饮	
6	交通便利程度	
7	自然环境情况	
8	纪念品丰富度	
9	娱乐项目	
10	服务态度	
12	商业化程度	
13	传统文化的保留程度	
14	治安状况	

访问到此结束，再次感谢您的支持！

附录二 关于民族传统体育文化的网络传承探讨

民族传统体育文化是民族传统文化的重要组成部分,是民族文化的一种特殊表现形式。鉴于民族传统体育的重要性,国家发布了一系列发展民族传统体育的政策文件,一些具有科研优势的高校也对民族传统体育活动展开了积极的研究,研究内容拓展至诸多领域,传播方式也在逐渐发生变化,由开始的家族继承、师徒相授、口耳相传等原始传播方式发展为家庭、社区和学校相结合的新型样态。与此同时,在当今互联网络已经渗透到社会生活各个领域的背景下,民族传统体育也开始与网络相融合。人们通过网络途径了解了民族传统体育的多方面信息,同时,少数民族传统体育保护与传承方面的知识也借助利用网络传播开来。

当今社会,对民族传统体育文化的传承与保护必须结合现代化的科技手段,保护民族传统体育文化,就是在保护优秀的民族文化遗产。随着经济社会的快速发展和城乡统筹规划的推动,包括民族传统体育文化在内的民族传统文化面临重要挑战。鉴于此,部分研究人员和体育工作者开始把网络传播与发展民族传统体育相结合,提出了一些有效建议。由于互联网强大的传播速度和普及效率,从网络角度展开关于对少数民族传统体育的研究对民族传统体育文化的传承与保护起着重要的作用。随着互联网发展的不断深入,民族传统体育文化与互联网的结合也将成为一种趋势。

附录三　少数民族传统体育项目特征分析及发展研究

我国中西部地区分布着众多少数民族，拥有丰富的民族文化资源，本研究以广西贺州市富川瑶族自治县、贵州铜仁、重庆黔江、湖南湘西土家族苗族自治州、湖北恩施土家族自治州等少数民族聚居区为背景展开调查，旨在分析研究少数民族传统体育项目的具体情况。

此次调查区域的地形地貌以高山丘陵为主，平均海拔在300～1300米，以苗族、壮族、土家族、白族、侗族等少数民族为主。各族人民在长期的生产生活实践中创造并积累了多种富有民族特色的少数民族体育项目，这些项目大多取材于生产实践，形式繁简相融，场地可大可小，承载了民族的文明积淀，并以其强大的生命力传承至今。在竞技体育和商业体育大行其道的当今社会，保护和传承民族传统体育文化，推广优秀的民族传统体育项目，成为我们必须加以考虑的问题。分析研究结果我们发现，少数民族传统体育项目主要具有以下特征。

其一，趋同性特征。受历史、政治、战争等因素的影响，我国历史上出现了数次民族大迁移、大融合，来自北方的少数民族文化打破了传统以儒家文化为代表的汉文化的单一性，并逐渐向我国西南方向传播。新中国成立后，经济的飞速发展、交通条件的日益便捷以及多元有机的民族政策均促进了民族间的交流与融合，各个少数民族间的的文化项目彼此渗透融合，使少数民族的体育文化更加多元，其中一个较为具体的表现是，同一个运动项目在不同的少数民族间会以不同的形式展开。

其二，鲜明性特征。少数民族文化是该民族历史沿袭层面的产物，受独特的地域和经济文化因素的影响，其民族文化和民族传统体育项目必然各具特色。民族体育项目是对自身民族文化的直观反映，也是少数民族地区民俗民风、宗教信仰以及日常生产生活方式的完美体现。

其三，地域性特征。我国中西部地区多属亚热带气候，其气候温润，降水丰沛，以山地、丘陵和喀斯特地貌为主，民族传统体育项目具有明显的山地和水乡性地域特点。生态地理环境对于民族传统体育项目的影响是一个渐进的过程，传统的民族体育项目与多水的环境相结合，形成了一系列的水上运动项目；少数民族人民在生产劳作过程中所酝酿的运动项目则与地形相适应，具有浓重的山地特征。

其四，共生性特征。民族传统体育项目在展现各自民族的文化特点的同时又在某种程度上相互融合，力求实现共生。少数民族区域诸如苗瑶文化、彝白文化、巫楚文化等充分发挥自身所长，将音乐、舞蹈、竞技等融为一体，充分展现了力与美的结合，将少数民族传统体育项目的文化共生性展现得淋漓尽致。

参考文献

阿牛木支，2014. 试论凉山彝族火把节的传承与变迁［J］. 中华文化论坛（5）.

阿斯曼，管小其，2017. 交往记忆与文化记忆［J］. 学术交流（1）.

艾娟，汪新建，2011. 集体记忆：研究群体认同的新路径［J］. 新疆社会科学（2）.

安学斌，2007. 民族文化传承人的历史价值与当代生境［J］. 云南民族大学学报（哲学社会科学版）（6）.

白晋湘，2011. 全球化视野下中华民族传统体育文化的传承与发展［J］. 南京体育学院学报（社会科学版），25（3）.

白晋湘，2008. 少数民族传统体育项目及其文化编目的价值与方法［J］. 体育学刊（9）.

白晋湘，万义，龙佩林，2017. 探寻传统体育文化之根 传承现代体育文明之魂——非物质文化遗产视角下民族传统体育研究述评［J］. 北京体育大学学报，40（1）.

白玛措，2018. 青藏高原牧区信仰礼仪中的"互惠"关系研究［J］. 西藏大学学报（社会科学版），33（2）.

布奇泰利，罗文宏，2021. 传统的"重"与"轻"——解读民俗实践中的重复性行为［J］. 民俗研究（1）.

曹能秀，王凌，2009. 论民族文化传承与教育的关系［J］. 云南民族大学学报（哲学社会科学版），26（5）.

曹能秀，王凌，2007. 少数民族地区的学校教育和民族文化传承［J］. 云南师范大学学报（哲学社会科学版）（2）.

曹雪彦，2016. 新媒体语境下中华优秀传统文化的传承与弘扬［J］. 河北省社会主义学院学报（3）.

陈波，2010. 凉山彝族歌舞音乐"朵乐荷"研究［J］. 文艺争鸣（24）.

陈纪，于亚杰，2017. 城镇化进程中城市民族交流问题的实证分析——基于天津市少数民族居民的调查数据［J］. 西南民族大学学报（人文社科版），38（1）.

陈婕，2002. 民族传统体育文化的传承方式和途径［J］. 体育文化导刊（5）.

陈兴贵，2005. 多元文化教育与少数民族文化的传承［J］. 云南民族大学学报（哲学社会科学版）（5）.

陈兴贵，2004. 少数民族文化的创新与传承［J］. 云南民族大学学报（哲学社会科学版）（4）.

陈振勇，童国军，2013. 节庆体育的集体记忆与文化认同——以凉山彝族自治州火把节为例［J］. 体育学刊，20（4）.

程亮，颜复萍，2010. 新媒体时代传统文化的传播特征与对策探究［J］. 中华文化论坛（4）.

程艳林，2020. 哈布瓦赫集体记忆理论的当下解释力［J］. 宁波教育学院学报，22（6）.

崔乐泉，2005. 民族传统体育新文化的构建——兼论体育全球化背景下民族传统体育的发展［J］. 体育文化导刊（3）.

戴杰，普凌霄，孙雪瑶，2013. 玉溪米线节的文化内涵与社会功能［J］. 语文学刊（1）.

戴文忠，1997. 我国少数民族传统体育的特点及发展趋向［J］. 体育科学（1）.

单莉莉，覃建雄，2004. 论彝族服饰对凉山地区旅游形象的强化作用［J］. 成都理工大学学报（社会科学版）（3）.

邓思胜，王菊，2014. 深入挖掘文化内涵，发展火把节文化产业——凉山彝族火把节发展浅论［J］. 贵州民族研究，35（1）.

丁荷生，由红，高师宁，2009. 中国东南地方宗教仪式传统：对宗教定义和仪式理论的挑战［J］. 学海（3）.

董斌霞，2021. 民俗文化在现代生活中的延续发展分析［J］. 参花（上）（3）.

窦坤，刘新科，2010. 中国传统文化的当代价值及其传承［J］. 西北农林科技大学学报（社会科学版），10（3）.

段爱明，白晋湘，田祖国，2005. 民族传统体育文化的变迁、传承与发展［J］. 体育学刊（2）.

段超，2012. 中华优秀传统文化当代传承体系建构研究［J］. 中南民族大学学报（人文社会科学版），32（2）.

丰子义，2001. 全球化与民族文化的发展［J］. 哲学研究（3）.

甘代军，2009. 彝族火把节的"文本"重构与文化表征［J］. 云南社会科学（4）.

高良，王子怡，2011. 新媒体环境下传统文化的传播和可持续发展——以中国服饰文化为例［J］. 艺术百家，27（S1）.

顾明远，2004. 论中国传统文化对中国教育的影响［J］. 杭州师范学院学报（社会科学版）（1）.

何迪，2016. 凉山彝族国际火把节陪同口译实践报告［D］. 成都：西南财经大学.

何香，张春祥，2009. 浅析凉山彝族自治州彝族教育发展历史与现状［J］. 河北师范大学学报（教育科学版），11（7）.

侯小纳，2015. 神圣与狂欢——以元谋凉山乡彝族火把节为个案［D］. 昆明：云南大学.

胡小明，2007. 中国少数民族传统体育的文化多元价值［J］. 体育学刊（8）.

胡永南，姚军波，2005. 民族传统体育的人文内涵及其伦理教育功能研究［J］. 北京体育大学学报（8）.

黄龙光，2010. 仪式舞蹈与历史记忆——彝族花鼓舞起源初探［J］. 内蒙古大学艺术学院学报，7（3）.

黄晓晨，2006. 文化记忆［J］. 国外理论动态（6）.

蒋珍珍. 凉山彝族文化旅游发展研究［D］. 延吉：延边大学，2013.

景志明，2011. 四川凉山红色旅游发展的对策与思考［J］. 西南民族大学学报（人文社会科学版），32（10）.

兰秀英，2008. 建设和谐文化促进民族关系的和谐发展［J］. 西藏大学学报（社会科学版）（2）.

李春霞，彭兆荣，2009. 彝族"都则"（火把节）的仪式性与旅游开发［J］. 旅游学刊，24（4）.

李蕾，李效辉，赵发田，2004. 中国民族传统体育的发展过程与未来趋势［J］. 北京体育大学学报（6）.

李明建，2020. 滇藏茶马古道与云南藏区多民族经济文化交流初探［J］. 开封文化艺术职业学院学报，40（8）.

李松，张世闪，2015. 节日研究：第十辑［M］. 北京：学苑出版社.

李先明，成积春，2016. 中华优秀传统文化传承体系的构建：理论、实践与路径［J］. 南京社会科学（11）.

李祥林，2016. "人本文化"的口头表述和行为实践——彝族火把节的文化人类学透视［J］. 广西民族研究（3）.

李晓华，2001. 从民运会看少数民族体育的发展［J］. 北京体育大学学报（1）.

李兴军，2009. 集体记忆研究文献综述［J］. 上海教育科研（4）.

李延超，饶远，2006. 水与火洗礼中的民族传统体育——傣族体育与彝族体育的比较研究［J］. 体育科学（11）.

李延超，饶远，2006. 彝族传统体育活动为何这么"火"？——云南彝族体育的文化地理学分析［J］. 体育文化导刊（2）.

李玉臻，2009. 从边缘到中心：旅游背景下民族传统节日转型研究——以四川凉山彝族火把节为例［J］. 学术论坛，32（2）.

李玉臻，2009. 基于游客期望和感知的民族节庆旅游研究——以凉山彝族火把节为例［J］. 北方民族大学学报（哲学社会科学版）（1）.

李子嘉，2015．论新媒体对传统文化传播的影响［J］．中华文化论坛（9）．

梁文敏，赵苏喆，2003．中华民族传统体育的发展方向［J］．体育学刊（5）．

刘刚，2015．基于定位理论的西部民族地区旅游经济发展研究——以凉山州普格县为例［J］．贵州民族研究，36（4）．

刘晖，2007．我国非物质文化遗产之传统体育文化的保护与传承［J］．体育与科学（6）．

刘燕，2009．国族认同的力量：论大众传媒对集体记忆的重构［J］．华东师范大学学报（哲学社会科学版），41（6）．

刘宇翔，格破铁支，2013．民族节庆旅游项目创新性分析研究——以凉山彝族国际火把节为例［J］．内蒙古科技与经济（16）．

娄章胜，袁校卫，王振杰，2008．体育全球化视野下民族体育文化的传承危机［J］．体育学刊，15（12）．

卢天玲，王挺之，2006．论彝族毕摩文化的旅游价值及其开发方式［J］．贵州民族研究（5）．

卢万发，1999．毕摩文化与彝族教育关系初探——兼谈彝族教育发展史［J］．民族教育研究（1）．

芦平生，陈玉玲，2003．少数民族传统体育的传承与演进［J］．成都体育学院学报（3）．

芦平生，2003．对民族传统体育发展的科学认识［J］．天津体育学院学报（2）．

陆文熙，2001．文化价值观与凉山民族文化旅游资源的形成［J］．西南民族学院学报（哲学社会科学版）（11）．

罗建新，2008．彝族传统体育文化的起源与传承［J］．体育学刊（7）．

罗曲，2011．历史视野里的彝族火把节［J］．楚雄师范学院学报，26（10）．

罗澍，2011．民俗类非物质文化遗产的知识产权保护模式探究——以火把节为例［J］．西南民族大学学报（人文社会科学版），32（9）．

罗悦廷，张高华，2021. 体育强国背景下少数民族传统体育的再出发——民俗文化视角下满族珍珠球运动的变革与展望[J]. 体育科技文献通报，29（3）.

马文静，2011. 多元文化整合教育与民族文化传承及发展[J]. 民族教育研究，22（4）.

马晓路，武友德，周智生，2006. 少数民族地区特色经济发展初探——以四川省凉山彝族自治州为例[J]. 经济问题探索（10）.

孟纹波，2012. 彝族火把节研究——以石林彝族撒尼族群为个案[D]. 北京：北京体育大学.

庞元宁，蒋仕延，2002. 西南地区少数民族传统体育文化基征考[J]. 北京体育大学学报（6）.

彭欣，2014. 新媒体时代传统文化传承的现实困境与创新策略[J]. 江西社会科学，34（12）.

彭雪芳，2006. 对彝族教育的现状分析及对策研究[J]. 西南民族大学学报（人文社科版）（4）.

祁庆富，2006. 论非物质文化遗产保护中的传承及传承人[J]. 西北民族研究（3）.

秦美玉，2013. 民族节事旅游体验质量评价及对策研究——以凉山彝族火把节为例[J]. 贵州民族研究，34（3）.

秦美玉，吴建国，2013. 民族文化生态发展机理及对策研究——以凉山彝族火把节为例[J]. 人民论坛（2）.

秦志希，曹茸，2004. 电视历史剧：对集体记忆的建构与消解[J]. 现代传播（1）.

秦中应，2010. 当代湘西苗族传统文化的教育传承研究——以湘西州凤凰县苗族为例[D]. 北京：中央民族大学.

饶远，2005. 民俗中的体育与体育中的民俗——以云南彝族传统体育文化研究为例［J］．体育文化导刊（1）．

饶远，1989．云南彝族体育与原始宗教［J］．成都体院学报（3）．

阮晓菁，2017．传承发展中华优秀传统文化视域下红色文化资源开发利用研究［J］．思想理论教育导刊（6）．

申茂平，2009．非物质文化遗产的教育传承及其实现途径［J］．教育文化论坛，1（1）．

石鉴鹰，2018．云南小凉山彝族火把节仪式研究［J］．红河学院学报，16（4）．

孙德朝，2009．彝族民族传统体育发展模式构建研究［J］．成都体育学院学报，35（4）．

孙德朝，张兴富，庞元宁，2009．西部少数民族传统体育研究的未来趋势——以彝族为例［J］．西安体育学院学报，26（1）．

孙庆彬，2012．民族传统体育文化保护与传承的基本理论问题［J］．西安体育学院学报，29（1）．

索晓霞，1998．贵州少数民族文化传承方式初探［J］．贵州社会科学（2）．

汤立许，蔡仲林，刘轶，2011．我国民族传统体育发展的困境及路径选择［J］．西安体育学院学报，28（5）．

田香凝，2018．流散族群与媒介的关系及数字流散的解释框架［J］．青年记者（18）．

涂传飞，陈志丹，严伟，2007．民间体育、传统体育、民俗体育、民族体育的概念及其关系辨析［J］．武汉体育学院学报（8）．

万义，2011．村落社会结构变迁中传统体育的非物质文化遗产保护——以弥勒县可邑村彝族阿细跳月为例［J］．体育科学，31（2）．

汪振军，乔小纳，2015．新媒体环境下传统文化传播的价值迷失与精神重构［J］．新闻爱好者（11）．

王德刚，史云，2006．传承与变异——传统文化对旅游开发的应答［J］．旅游科学（4）.

王德和，古涛，周虹，2012. 尔苏藏族和凉山彝族火把文化比较研究［J］. 西昌学院学报（社会科学版），24（2）.

王国元，张玉祥，2004. 新疆少数民族传统体育项目文化特征分析［J］. 新疆师范大学学报（哲学社会科学版）（3）.

王瀚东，贠翔悦. 2016. 族裔散居与欧洲"流散电视"的发展［J］. 华南师范大学学报（社会科学版）（4）.

王俊鹏，韩斌，2019. 新时期"一带一路"对民族文化传播的影响及启示［J］. 贵州民族研究，40（1）.

王美英，许巧云，2010. 凉山旅游发展现状及对策研究［J］. 西南民族大学学报（人文社科版），31（7）.

王蜜，2016. 文化记忆：兴起逻辑、基本维度和媒介制约［J］. 国外理论动态（6）.

王明贵，2016. 传承核心内容 创新发展模式——凉山彝族自治州火把节"布拖模式"的思考［J］. 四川民族学院学报，25（1）.

王萍，2005. 大众传媒视野中的少数民族节日与生存——以彝族火把节为例［J］. 贵州民族研究（6）.

王威威，2011. 中国传统文化与思想政治教育——思想政治教育研究的新方向［J］. 华北电力大学学报（社会科学版）（4）.

王希恩，2000. 论中国少数民族传统文化现状及其走向［J］. 民族研究（6）.

王霄冰，2007. 文化记忆、传统创新与节日遗产保护［J］. 中国人民大学学报（1）.

王霄冰，2007. 文字、仪式与文化记忆［J］. 江西社会科学（2）.

王燕，2012. 近现代云南民族的分化与融合［J］. 四川民族学院学报，21（2）.

韦晓康，方征，2006. 民族文化生态建设与少数民族传统体育文化研究［J］.

体育文化导刊（8）.

隗斌贤，2016."一带一路"背景下文化传播与交流合作战略及其对策［J］.浙江学刊（2）.

魏娟，2016. 凉山彝族本土美术课程资源的开发与利用［D］. 重庆：西南大学.

吴仕民，2006. 中国民族理论新编［M］. 北京：中央民族大学出版社.

吴昭明，2005. 云南彝族传统摔跤活动的形成、演进与发展对策研究［D］. 昆明：云南师范大学.

伍娟，林志军，2011. 民族传统体育非物质文化遗产保护传承研究［J］. 沈阳体育学院学报，30（5）.

夏琼华，2010. 少数民族传统体育文化传承的教育策略［J］. 体育与科学，31（1）.

邢莉，2008. 谈非物质文化遗产的群体传承与文化精神［J］. 中央民族大学学报（哲学社会科学版）（3）.

熊芮竺，2019. 非遗视阈下民族文化的变迁研究——以凉山彝族火把节为例［D］. 武汉：湖北民族大学.

徐茜，2015. 非物质文化遗产的原真性保护与旅游开发——以凉山彝族火把节为例［J］. 中华文化论坛（3）.

徐孝勇，姜寒，2013. 连片特困地区中央扶贫资金与经济增长关系研究——以四川省凉山彝族自治州国家级贫困县为例［J］. 西南民族大学学报（人文社会科学版），34（10）.

徐艺乙，2012. 传承人在非物质文化遗产生产性保护中的作用［J］. 贵州社会科学（12）.

燕海鸣，2009. 集体记忆与文化记忆［J］. 中国图书评论（3）.

杨峰，2019. 非物质文化遗产"火把节"对凉山州旅游的作用及策略研究［J］. 当代体育科技，9（14）.

杨红，2005. 凉山彝族生态文化的继承与凉山彝区生态文明建设[J]. 西南民族大学学报（人文社科版）（2）.

杨丽萍，2011."民族文化进校园"的多维阐释与民族文化传承研究[J]. 广西师范大学学报（哲学社会科学版），47（2）.

杨丽琼，马平，2011. 从节事旅游论非遗保护：以彝族火把节为视角[J]. 湖北民族学院学报（哲学社会科学版），29（3）.

易建取，刘英梅，李秋利，2007. 论民族传统体育与全民健身活动的融合及发展契机[J]. 广州体育学院学报（2）.

于会歌，2012. 中国传统节日习俗的现代传承[J]. 沈阳师范大学学报（社会科学版），36（4）.

张德明，2001. 多元文化杂交时代的民族文化记忆问题[J]. 外国文学评论（3）.

张飞，曹能秀，2008. 学校教育中的少数民族文化传承研究——以云南省寻甸回族、彝族自治县六哨乡为例[J]. 云南农业大学学报（社会科学版）（1）.

张海洋，胡英姿，2001. 凉山彝族婚改内容解析——兼论传统文化与现代国家的互动[J]. 中央民族大学学报（4）.

张蓉蓉，2006. 教育与文化传承：贵州少数民族教育存在的两个问题[J]. 贵州民族研究（4）.

张晓旭，2021. 乡村振兴视阈下传统民俗文化的建设研究[J]. 汉字文化（4）.

张雪，张时空，2020. 内蒙古高校多民族大学生文化交流的现状及对策研究[J]. 边疆经济与文化（6）.

赵发田，李英奎，李蕾，2004. 民族传统体育与体育旅游的契合[J]. 北京体育大学学报（4）.

赵将，翟光勇，2017. 少数民族节日文化认同的现状与提升路径选择——基于凉山彝族火把节的实证研究［J］. 怀化学院学报，36（12）.

赵将，翟光勇，2017. 文化集体记忆载体与变迁：自一个节庆分析［J］. 重庆社会科学（2）.

赵瑞华，孔君英，2011. 论传统文化的思想政治教育功能［J］. 理论月刊（7）.

赵世林，2002. 论民族文化传承的本质［J］. 北京大学学报（哲学社会科学版）（3）.

赵世林，1994. 民族文化的传承场［J］. 云南民族大学学报（哲学社会科学版）（1）.

赵文，胡小明，2000. 发展民族体育的思考［J］. 体育与科学（3）.

郑国华，2007. 社会转型与我国民族传统体育文化传承［D］. 北京：北京体育大学.

钟志勇，2008. 学校教育视野中的民族传统文化传承［J］. 民族教育研究（1）.

周凤梅，张斌，2015. 仪式在优秀传统文化传承中的作用［J］. 沈阳大学学报（社会科学版），17（6）.

周海燕，2014. 媒介与集体记忆研究：检讨与反思［J］. 新闻与传播，21（9）.

朱文旭，李智雄，1999. 关于彝族火把节若干问题的探讨［J］. 中南民族学院学报（哲学社会科学版）（1）.

后记

又是一年冬去春来，时移物换；又是一年奋发蹈厉，砥志研思。终于，我们迎来了《集体记忆的消解与异化：凉山彝族火把节仪式的现代反思》一书的出版。本书从不同方向、不同角度出发，运用不同的表现手法，记录了凉山彝族火把节的历史与现状；以亲身经历和实地考察揭示了彝族传统民俗和传统文化的传承与发展，为民族传统文化的继承与发扬贡献了自己的一分绵薄之力。

书中的每一段文字，都闪耀着灼灼光华，彝族人民用自己的方式，向世界传递着自己的声音，传扬着自己对祖国的热爱、对各民族同胞的热情以及对外来游客的善待与宽容。当我们用文字来叙述火把节的每一个故事的同时，一定程度上也承载着凝聚彝族人民、传承传统文化、弘扬民族精神、启迪后来者教育的重任。

在写作过程中，作者几度前往彝族地区，力争把握每一个细节，记录每一个故事，自此，寒来暑往，酸甜苦辣，都流转于本书的字里行间，希望我们的劳动与付出能够将火把节的渊源与流传、彝族人民的真诚与善良、彝族的民俗风情传递给更多的人，进而有益于民族间的相互交流，有益于增进各民族人民间的友谊。

感谢课题组成员的支持与帮助，他们为本书的写作提供了极为宝贵的意见，也感谢我的学生李楠俊同学的辛苦付出。本书在写作时参考了部分研究成果，在此一并表示感谢。

由于水平有限，本书存在的不足和疏漏在所难免，敬请广大读者批评指正。